매일 더 성장하고 싶은
당신을 위한 모닝 필사

일러두기

1. 도서명은 분야 구분 없이 『 』로 묶어 표기하였습니다.
2. 이 책에 실린 인용문은 모두 출판사를 통해 저작권자의 동의를 얻었습니다.

매일 더 성장하고 싶은 당신을 위한 모닝 필사

이재은
지음

잰느미온느
이재은이 뽑은
응원의 문장들

Prologue

　　　　온 힘을 다해 달리던 순간에도, 잠시 멈춰 서게 된 어느 날에도 저를 일으켜 세워준 건 한 줄의 문장이었습니다. 누군가 건넨 따뜻한 응원의 말, 마음의 중심을 붙들어준 성경 한 구절, 깊은 울림을 남긴 어느 작가의 책 속 한 문장, 그리고 그 문장들을 마음 다해 꾹꾹 눌러 쓰던 필사의 시간은 그 자체로 위로이자 응원이었고 저를 붙드는 다정한 손길이었습니다. 매일 아침, 하루를 시작하기 전 온전히 저에게 집중하는 시간 속에서 상처받은 마음을 치유하고 용기를 얻고 다시 꿈을 꿀 수 있었습니다. 그 작은 루틴이 주는 힘이 얼마나 크고 강한지 매일매일 느낄 수 있었어요. 시작은 언제나 '한 줄의 문장'이었습니다. 지친 마음을 일으켜준 문장들로 이 책을 채웠습니다. 세상이 정한 속도와 기준에 쫓기지 않고, 비교와 경쟁에서 벗어나 삶의 중심을 회복할 수 있는 시간이 되기를 바라는 마음도 함께 담았습니다.

평범한 하루 속에서도 감사하는 마음으로 충만한 삶을 살아내려는 연습은 마음의 근육을 단단하게 기르는 힘이 됩니다. 작은 일 하나에도 진심을 담고, 정직하게 최선을 다하는 사람은 화려하거나 완벽하지 않아도 자연스럽게 밝은 빛을 머금게 됩니다. 이처럼 꾸준히 다져진 내면의 힘은 일터에서도 분명한 차이를 만들어냅니다. 어떤 재능도 이길 수 없는 것이 바로 '꾸준함'과 '성실함'이라는 진리를 조용하지만 강하게, 삶 속에서 증명해낼 수 있죠. 이러한 태도는 사람과의 관계에서도 지혜롭게 드러납니다. 무엇보다, 때로는 넘어지더라도 금세 다시 일어날 수 있는 유연함과 내면의 단단함을 갖춘 사람으로 조금씩 성장해갈 수 있습니다.

"우리가 주목하는 것은 보이는 것이 아니요, 보이지 않는 것이니, 보이는 것은 잠깐이요, 보이지 않는 것은 영원함이라."(고린도후서 4장 18절) 언제나 제 마음을 깊이 울리는 문장입니다. 우리는 눈에 보이는 것에 자주 마음을 빼앗깁니다. 성과, 결과, 부와 명예, 비교와 경쟁……. 하지만 정말 중요한 것은 눈에 보이지 않습니다. 보이지 않지만 분명히 존재하는 내면의 힘, 흔들리는 순간에도 나를 붙잡아주는 믿음, 조용히 자라나는 마음의 태도야말로 시간이 지나도 사라지지 않는 진짜 가치입니다. 그러니 보이는 것에 휘둘리지 않도록 보이지 않는 나의 중심을 더욱 단단히 세워가야겠죠.

한 줄 한 줄 써 내려가는 시간이 우리를 더욱 깊고 단단한 사람으로 만들어줄 거예요. 그렇게 변화된 삶이 또 다른 누군가의 삶도 잔

잔하고 따뜻하게 비출 수 있을 겁니다. 우리 함께 긍정의 문장들을 차곡차곡 쌓아볼까요? 그 소중한 문장들이 나를 지키고, 또 누군가의 마음에도 선한 흔적을 남길 수 있기를 바랍니다. 보이지 않지만 가장 소중한 것을 향해.

2025년 여름

이재은

이 책의 구성과 활용법

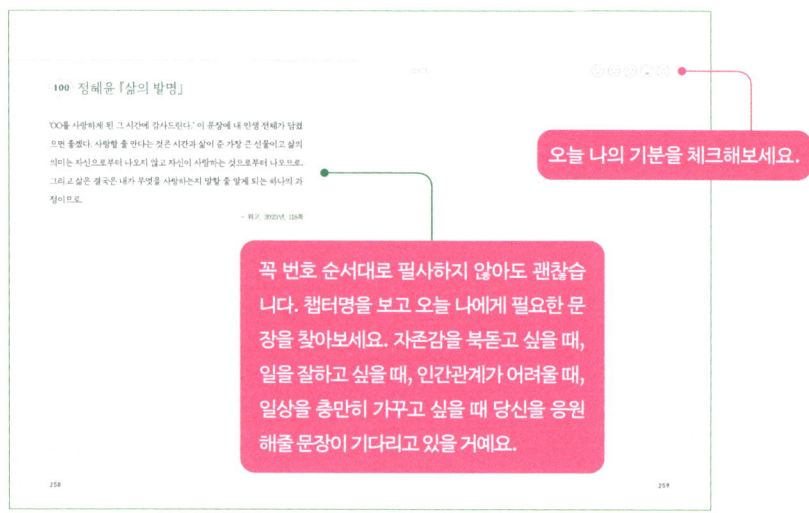

꼭 번호 순서대로 필사하지 않아도 괜찮습니다. 챕터명을 보고 오늘 나에게 필요한 문장을 찾아보세요. 자존감을 북돋고 싶을 때, 일을 잘하고 싶을 때, 인간관계가 어려울 때, 일상을 충만히 가꾸고 싶을 때 당신을 응원해줄 문장이 기다리고 있을 거예요.

오늘 나의 기분을 체크해보세요.

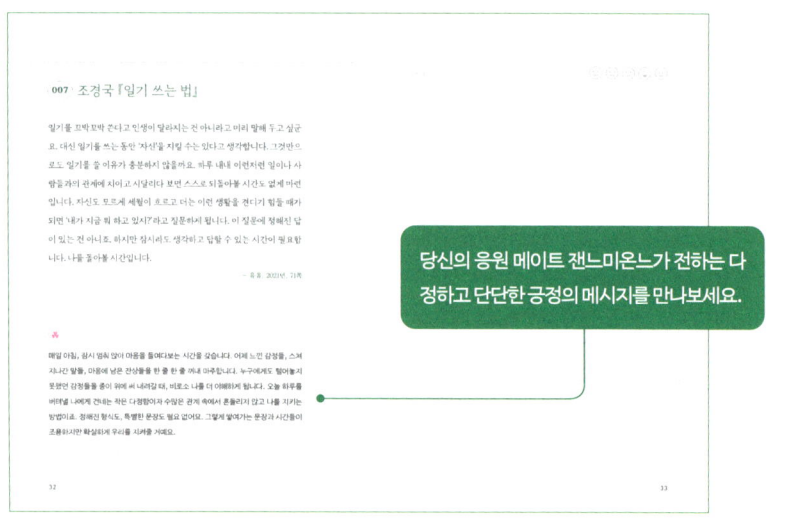

당신의 응원 메이트 잰느미온느가 전하는 다정하고 단단한 긍정의 메시지를 만나보세요.

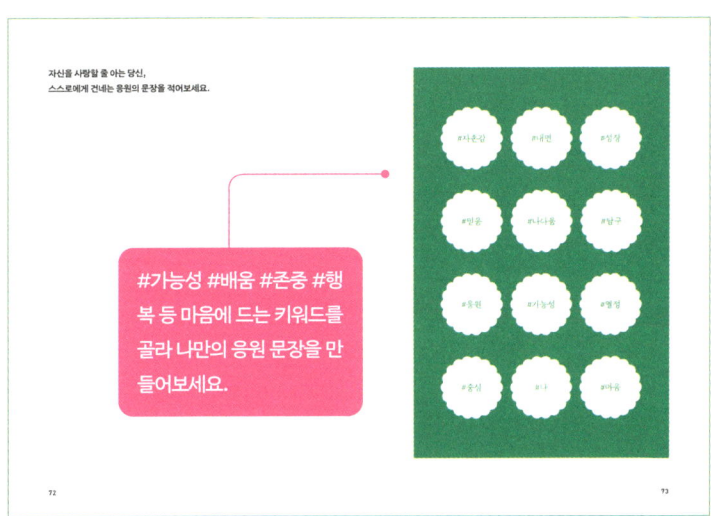

#가능성 #배움 #존중 #행복 등 마음에 드는 키워드를 골라 나만의 응원 문장을 만들어보세요.

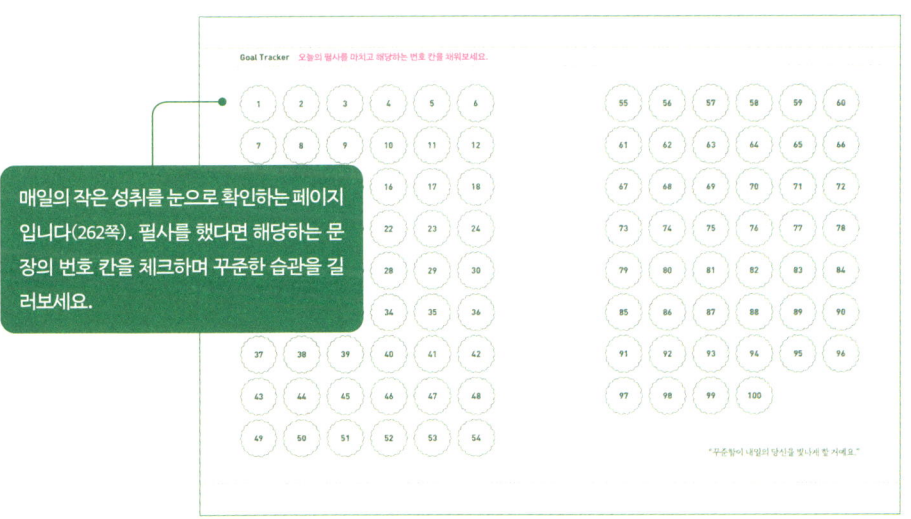

매일의 작은 성취를 눈으로 확인하는 페이지입니다(262쪽). 필사를 했다면 해당하는 문장의 번호 칸을 체크하며 꾸준한 습관을 길러보세요.

차례

Prologue   4

이 책의 구성과 활용법   8

CHAPTER 1 있는 그대로의 나를 알고 사랑할 것

스스로 빛나는 사람이 되기 위하여   18

- (001) 이어령 『짧은 이야기, 긴 생각』   20
- (002) 백수린 『아주 오랜만에 행복하다는 느낌』   22
- (003) 나가오카 겐메이 『디자이너 마음으로 걷다』   24
- (004) 이충녕 『가장 젊은 날의 철학』   26
- (005) 윤홍균 『자존감 수업』   28
- (006) 조윤제 『사람 공부』   30
- (007) 조경국 『일기 쓰는 법』   32
- (008) 이승희 『별게 다 영감』   36
- (009) 이석원 『순간을 믿어요』   38
- (010) 토머스 커런 『완벽이라는 중독』   40
- (011) 전미경 『당신은 생각보다 강하다』   42
- (012) 김혜남 『만일 내가 인생을 다시 산다면』   44
- (013) 오프라 윈프리 『내가 확실히 아는 것들』   46

- 014 은유 『해방의 밤』 48
- 015 헤르만 헤세 『데미안』 50
- 016 김민식 『외로움 수업』 52
- 017 유시민 『공감필법』 54
- 018 타라 웨스트오버 『배움의 발견』 56
- 019 에리히 프롬 『자유로부터의 도피』 58
- 020 성정기 『생각을 만드는 시간』 60
- 021 유아란 『누군가의 성취가 나를 우울하게 할 때』 64
- 022 마티아스 뇔케 『나를 소모하지 않는 현명한 태도에 관하여』 66
- 023 칼릴 지브란 『예언자』 68
- 024 박웅현 『여덟 단어』 70

CHAPTER 2 멈추지 않으면 꿈에 닿는다

꾸준함과 성실함이라는 재능 76

- 025 히사이시 조 『나는 매일 감동을 만나고 싶다』 78
- 026 마르쿠스 아우렐리우스 『명상록』 80
- 027 샐리 M. 윈스턴 외 9인 『생각이 나를 괴롭힐 때』 82
- 028 김애리 『열심히 사는 게 뭐가 어때서』 84
- 029 김진영 『우리는 아직 무엇이든 될 수 있다』 86
- 030 무란 『당신의 1분은 얼마인가』 88

(031) 우종영『나는 나무에게 인생을 배웠다』 92
(032) 이연『모든 멋진 일에는 두려움이 따른다』 94
(033) 매튜 맥케이 외 6인『또 화내고 늘 후회하고 있다면』 96
(034) 여수언니(정혜영)『나의 봄날인 너에게』 98
(035) 신은혜『가능한 불가능』 100
(036) 김익한『파서블』 102
(037) 사이토 다카시『여전히 서툰 어른입니다』 104
(038) 브라이언 트레이시『행동하지 않으면 인생은 바뀌지 않는다』 106
(039) 마쓰우라 야타로『일의 기본 생활의 기본 100』 108
(040) 마크 맨슨『신경 끄기의 기술』 110
(041) 황선우『사랑한다고 말할 용기』 112
(042) 조셉 머피『조셉 머피 부의 초월자』 114
(043) 헨리 데이빗 소로우『월든』 118
(044) 나폴레온 힐『놓치고 싶지 않은 나의 꿈 나의 인생 1』 120
(045) 라이너 마리아 릴케『젊은 시인에게 보내는 편지』 122
(046) 김주원『나와 마주하는 일』 124
(047) 최인아『내가 가진 것을 세상이 원하게 하라』 126
(048) 마쓰우라 야타로『좋은 감각은 필요합니다』 128
(049) 이광형『우리는 모두 각자의 별에서 빛난다』 130
(050) 한수희『오늘도 우리는 나선으로 걷는다』 134
(051) 안주연『내가 뭘 했다고 번아웃일까요』 136

052 이원흥 『일을 잘하고 싶은 너에게』 138

053 조훈현 『고수의 생각법』 140

CHAPTER 3 현명한 관계를 맺는 힘

건강한 관계의 시작은 나로부터 146

054 구병모 『한 스푼의 시간』 148

055 김단 『관계력』 150

056 포리스트 카터 『내 영혼이 따뜻했던 날들』 152

057 이와타 마쓰오 『결국 성공하는 사람들의 사소한 차이』 154

058 김민섭 『당신은 제법 쓸 만한 사람』 158

059 송창현 『직장 내공』 160

060 김혼비 『다정소감』 162

061 미하엘 엔데 『모모』 164

062 조윤제 『하루 한 장 고전 수업』 166

063 명대성 『적당한 거리 두기의 기술』 168

064 문요한 『관계를 읽는 시간』 172

065 김윤나 『말 그릇』 174

066 정문정 『무례한 사람에게 웃으며 대처하는 법』 176

067 안상현 『눈부시게 빛나는 날들이 너를 기다리고 있어』 178

068 이평 『모든 사람에게 사랑받을 필요는 없다』 180

069 바쿠@정신과의『적당히 느슨하게 조금씩 행복해지는 습관』 184
070 데일 카네기『데일 카네기 인간관계론』 186
071 박산호『어른의 문장들』 188
072 허은실『그날 당신이 내게 말을 걸어서』 190
073 미치 앨봄『모리와 함께한 화요일』 192
074 조정민『짧게 말해 줘』 194
075 정지우『사람을 남기는 사람』 196
076 김랑『숲속 작은 집 마리의 부엌』 198

CHAPTER 4 작은 일상이 모여 삶을 변화시킨다

오늘을 충실히 사는 것 204

077 웨인 다이어『우리는 모두 죽는다는 것을 기억하라』 206
078 팀 페리스『타이탄의 도구들』 208
079 안희연『당신이 좋아지면, 밤이 깊어지면』 212
080 은유『싸울 때마다 투명해진다』 214
081 마이클 노턴『어떻게 이 삶을 사랑할 것인가』 216
082 리니『기록이라는 세계』 218
083 무라카미 하루키『달리기를 말할 때 내가 하고 싶은 이야기』 220
084 버지니아 울프『자기만의 방』(쏜살문고) 222
085 김규림『매일의 감탄력』 224

086 김교석 『아무튼, 계속』   226
087 사사키 쓰네오 『마흔 살 습관 수업』   230
088 제임스 클리어 『아주 작은 습관의 힘』   232
089 허지원 『나도 아직 나를 모른다』   234
090 김신지 『평일도 인생이니까』   236
091 요한 G. 치머만 『고독에 관하여』   238
092 김경일 『마음의 지혜』   242
093 최인철 『아주 보통의 행복』   244
094 팀 보울러 『리버보이』   246
095 김지훈 『당신의 마음을 안아줄게요』   248
096 천선란 『천 개의 파랑』   250
097 백영옥 『힘과 쉼』   252
098 이다혜 『퇴근길의 마음』   254
099 에리히 프롬 『우리는 여전히 삶을 사랑하는가』   256
100 정혜윤 『삶의 발명』   258

Goal Tracker   262

CHAPTER

①

있는 그대로의 나를 알고
사랑할 것

스스로 빛나는 사람이 되기 위하여

유독 얼굴이 밝고 맑은 빛으로 가득한 사람들이 있습니다. 화려하게 꾸미지 않아도, 굳이 많은 말을 하지 않아도 존재감만으로 분위기를 압도합니다. 세상이 말하는 외적인 아름다움이 아니라 영혼 깊은 곳에 깃들어 있는, 내면에서 비롯되는 밝은 빛이죠. 그 빛은 과연 어떻게 생겨날까요? 그런 사람들의 공통점은 자기 자신을 있는 그대로 인정하고 사랑한다는 것입니다. 그들의 삶은 타인의 기준에 의해 흔들리지 않습니다. 비교와 경쟁의 소용돌이 속에서도 자신만의 속도와 리듬으로 나아갑니다. 누군가의 눈치를 보느라 내 마음을 외면하지 않고, 어떤 시선에도 나를 잃지 않는 단단함을 지니고 있습니다. 불완전한 자신마저도 다정하게 끌어안습니다. 그렇게 자신을 사랑하는 일에 성실합니다. 스스로를 향한 애정은 결국 삶의 태도를 바꿉니다. 별다를 것 없는 평범한 하루도 감사할 줄 알고, 반복되는 일상에서도 의미를 발견하며, 혼자 있는 시간을 충만하게 만들죠. 누군가에게 보여주기 위한 삶이 아니라 나다운 삶을 살아냅니다. 조용히 자신의 길을 개척해 나갑니다.

가장 중요한 건 있는 그대로의 나를 알고 사랑하는 것입니다. CHAPTER 1에서는 '나를 사랑하는 연습'을 시작합니다. 마음의 근육을 단단히 기르는 과정, 누구보다도 나에게 진실한 사람이 되어가는 여정입니다. 스스로 빛나는 사람이 되고자 하는 노력, 그 작은 결심이 삶을 단단하고도 유연하게 만들어줍니다. 그렇게 하루하루를 쌓아갈 때 우리의 얼굴에도 환한 빛이 스밉니다. 완벽하지 않아도 괜찮아요. 빛나는 존재는 타고나는 것이 아니라 스스로 만들어가는 것이니까요. 오늘도 우리의 마음에 맑고 따듯한 빛이 머물기를, 그리고 그 빛이 우리를 더욱 아름답게 밝혀주기를 바랍니다. 존재만으로도 충분한 당신의 오늘을 응원합니다.

001 이어령 『짧은 이야기, 긴 생각』

구르지 않고 손에 잡기도

편한 것이라면

원과 사각형의 중간,

여섯 모난 연필이 가장 좋습니다.

그래서 옛날이나 지금이나

여섯 모로 된 연필이 제일 많습니다.

둥글게 살면 원만하다고 하지만

자기주장이 없고

자기주장만 하면

모가 나서 세상을 살아가기 힘듭니다.

네모난 연필도 아닙니다.

둥근 연필도 아닙니다.

여섯 모난 연필로

나의 인생을 써가십시오.

— 아이스크림미디어, 2014년, 159-160쪽

DATE   /   /

002 백수린 『아주 오랜만에 행복하다는 느낌』

"사는 건 자기 집을 찾는 여정 같아."
언니가 그렇게 말한 건 케이크를 먹던 중이었다.
"타인의 말이나 시선에 휘둘리지 않고, 나 자신과 평화롭게 있을 수 있는 상태를 찾아가는 여정 말이야."

— 창비, 2022년, 40쪽

완벽하고 싶은 욕심이 부끄러워서 숨겼던 순간, 계속 나아가고 싶지만 멈춰야 했던 순간들이 있습니다. "너무 욕심부리지 말고 적당히 해", "이젠 충분히 이뤘으니 편하게 살아도 돼" 이런 말들이 저를 가로막았어요. 더 깊은 바다를 향해 항해 중인데 갑자기 망망대해 한가운데에서 멈추라는 것만 같았습니다. 누군가는 욕심이라고 말할지 모르지만, 아직 제 안에는 식지 않은 열정이 있고 수백 개의 가능성이 있다는 것을 느껴요. 그래서 오늘도 닻을 올립니다. 끝나지 않은 저만의 항해를 계속해 나아갑니다.

DATE   /   /

003 나가오카 겐메이 『디자이너 마음으로 걷다』

사람은 쉽게 변하지 않는다. 만약 변한다면 그것은 단 한 가지 방법밖에 없다. 스스로 깨닫는 것이다. 자신이 알지 못하는 사이에는 변할 수 없다. 누구에게 무슨 말을 들어도 스스로 깨닫지 못하면 변하지 않는다.

— 서하나 옮김, 안그라픽스, 2024년, 145쪽

DATE   /   /

④ 이충녕 『가장 젊은 날의 철학』

자기 내면을 깊이 들여다보려고 노력하는 사람은 자신이 결코 단순하지 않다는 걸 압니다. 절대 극복할 수 없는 스스로에 대한 무지에 내던져진 게 곧 인생임을 알죠. 그래서 자아의 다양한 면모에 열려 있게 됩니다. 다른 말로 하면, 자신이 언제든지 지금과는 조금 다른 사람이 될 수 있다는 걸 압니다.

– 북스톤, 2024년, 166쪽

우리 안에는 수많은 빛이 숨어 있어요. 지금 보이는 내 모습은 아주 작은 조각일 뿐입니다. 그러니 드러난 모습만으로 스스로를 판단하지 않기로 해요. 아직 세상에 펼쳐지지 않은 찬란한 빛이, 그 가능성이 조용히 숨 쉬고 있으니까요. 그 빛은 조금씩 자라고 자라서 가장 완벽한 타이밍에 가장 눈부시게 피어날 겁니다. 그러니 조급해하지 말아요. 당신은 당신이 생각하는 것보다 훨씬 더 눈부신 사람이에요.

DATE   /   /

(005) 윤홍균 『자존감 수업』

자신을 사랑한다는 건 마치 마음이 잘 통하는 친구와 함께 있는 것과 같다. 그래서 외로움이 찾아와도 크게 동요하지 않고, 혼자 여행을 가서도 마치 둘인 양 즐거운 시간을 보낼 수 있다. 거울을 볼 때마다 위안이 되고 자신의 목소리를 들을 때마다 마음이 편안해진다. 스스로를 위로할 수 있고 격려할 수도 있다.

- 심플라이프, 2016년, 41쪽

DATE   /   /

006 조윤제 『사람 공부』

노자는 자신의 책 『도덕경』에서 '지인자지 자지자명 知人者智 自知者明'이라 말했다. "다른 사람을 아는 것은 지혜이지만, 나 자신을 아는 것은 명철함이다." 명철함이란 단순한 지식이 아니라 사람과 세상을 제대로 볼 수 있는 밝음, 즉 통찰력이다.

— 청림출판, 2023년, 266쪽

DATE   /   /

ⓞⓞ⑦ 조경국 『일기 쓰는 법』

일기를 꼬박꼬박 쓴다고 인생이 달라지는 건 아니라고 미리 말해 두고 싶군요. 대신 일기를 쓰는 동안 '자신'을 지킬 수는 있다고 생각합니다. 그것만으로도 일기를 쓸 이유가 충분하지 않을까요. 하루 내내 이런저런 일이나 사람들과의 관계에 치이고 시달리다 보면 스스로 되돌아볼 시간도 없게 마련입니다. 자신도 모르게 세월이 흐르고 더는 이런 생활을 견디기 힘들 때가 되면 '내가 지금 뭐 하고 있지?'라고 질문하게 됩니다. 이 질문에 정해진 답이 있는 건 아니죠. 하지만 잠시라도 생각하고 답할 수 있는 시간이 필요합니다. 나를 돌아볼 시간입니다.

— 유유, 2021년, 71쪽

매일 아침, 잠시 멈춰 앉아 마음을 들여다보는 시간을 갖습니다. 어제 느낀 감정들, 스쳐 지나간 말들, 마음에 남은 잔상들을 한 줄 한 줄 꺼내 마주합니다. 누구에게도 털어놓지 못했던 감정들을 종이 위에 써 내려갈 때, 비로소 나를 더 이해하게 됩니다. 오늘 하루를 버텨낼 나에게 건네는 작은 다정함이자 수많은 관계 속에서 흔들리지 않고 나를 지키는 방법이죠. 정해진 형식도, 특별한 문장도 필요 없어요. 그렇게 쌓여가는 문장과 시간들이 조용하지만 확실하게 우리를 지켜줄 거예요.

DATE   /   /

그렇게
쌓여가는
문장과
시간들이

조용하지만
확실하게
우리를
지켜줄 거예요.

008 이승희 『별게 다 영감』

전시를 볼 때마다 아티스트들은 치열하게 스스로를 탐구한다는 느낌을 받는다. 수없이 충돌하는 내면의 이중적 감정들을 깊이 들여다보고 질문하는 것이 진짜 나를 찾아가는 과정이다. 끊임없이 충돌하고 질문하고 답하면 지루하지 않게 살 수 있다. 우리 모두의 특권이다. 우리는 모두 아티스트다.

— 북스톤, 2021년, 63쪽

DATE   /   /

009 이석원 『순간을 믿어요』

단풍이란
가을에 나뭇잎이 새로운 색을 입는 것이 아니라
광합성을 위해 그동안 지녔던 엽록소를 털어 내고
비로소 자기 본래의 색을 드러내는 것이라고 한다.

세상 눈치 보지 않고 온전히 자신을 드러내는 일은
얼마나 귀하고 또 어려운 일인 것일까.

— 을유문화사, 2023년, 170쪽

세상의 눈치를 보지 않고 당당하게 자기 빛깔을 내뿜는 사람들을 동경합니다. 나뭇잎이 본래의 색을 드러내지 않았다면 어땠을지 상상해보세요. 아름다운 가을 단풍을 보지 못했을 거예요. 혹시 나의 진짜 색을 보여주지 못한 채 무언가를 붙잡고 살아온 건 아닐까 생각합니다. 누가 뭐라고 하든 이제는 나답게 물들어가고 싶어요. 억지로 숨기지 않고 있는 그대로의 색으로 살아가고 싶어요. 그 어렵지만 귀한 일, 우리 같이 해볼까요?

DATE   /   /

010 토머스 커런 『완벽이라는 중독』

당신은 존재 그대로 충분하다. 당신을 소비하고 둘러싼 문화가 당신이 이해할 수 없는 존재 속에서 숨 쉬고 진정으로 받아들이지 못하게 만들 뿐이다.

― 김문주 옮김, 북라이프, 2024년, 289쪽

DATE   /   /

011 전미경 『당신은 생각보다 강하다』

만약 아무도 나에 대해 묻지 않는다면 종이를 꺼내 스스로 질문하고 스스로 대답해보자. 나의 성격, 나의 목표, 좋아하는 것, 싫어하는 것, 갖고 싶은 것 등등. 처음에는 정말 모른다는 생각이 들 수도 있지만 이 작업에 시간을 쏟아보면 자기 안에 꺼내고 싶은 말들이 나온다. 이렇게 무채색 세상을 조금씩 색칠해보자. 무료함과 공허함이 들어올 공간이 없는 재미있는 하루가 당신에게 찾아올 것이다.

– 웅진지식하우스, 2023년, 230-231쪽

DATE   /   /

012 김혜남 『만일 내가 인생을 다시 산다면』

당신도 지금 좌절과 절망의 늪에 빠져 있는가. 그렇다면 기억하길 바란다. 신은 우리에게 고난과 상처를 주지만 그것을 극복해 나갈 수 있는 회복탄력성 또한 선물로 주었다는 것을. 그러므로 나는 믿는다. 지금 겪는 고통이 끝이 없어 보인다 해도 당신은 분명 자신을 추스른 다음 움직일 것이고, 하루하루를 이겨 낼 것이고, 다시금 앞으로 나아갈 거라고. 그러니 힘든 상황을 헤쳐 나가고 싶다면 가장 먼저 당신이 스스로를 믿을 수 있어야 한다.

— 메이븐, 2022년, 266쪽

살아가다 보면 수없이 넘어지곤 합니다. 뜻하지 않은 시련 앞에 무릎을 꿇기도, 삶의 무게에 주저앉기도 하죠. 하지만 다시 일어서는 힘 또한 내 안에 있다는 것을 잊지 마세요. 조금씩 조금씩 무릎에 묻은 흙을 털어내고 한 걸음 내딛는 용기. 그 작은 힘이 바로 회복의 시작입니다. 내가 믿는 신의 존재, 사랑하는 사람의 위로, 나 자신에 대한 믿음. 우리를 다시 일어서게 할 무언가는 반드시 있습니다. 그러니 딱 한 걸음만 용기를 내보세요.

DATE   /   /

013 오프라 윈프리 『내가 확실히 아는 것들』

이제는 확실하게 안다. 깊은 관계의 부재란 내가 '다른 이'로부터 멀리 떨어져 있다는 뜻이 아니라, 내가 나를 외면하고 있다는 것을 말한다는 걸. 물론 우리의 삶을 풍요롭게 하고 지탱해주는 관계는 누구에게나 필요하다. 하지만 나를 치유해주고 완전하게 해줄 사람, '너는 아무 가치도 없다'며 항상 내 안에서 속삭이는 목소리를 잠재워줄 누군가를 찾고 있다면 그것은 시간 낭비다.

— 송연수 옮김, 북하우스, 2024년, 85쪽

DATE / /

014 은유 『해방의 밤』

사람은 변합니다. 변화란 거저 오는 것이 아니라 애써서 만드는 것이라고 하죠. 비난으로는 변하지 않고 애씀으로 변하는 것 같아요. 누군가 애써 글을 쓰고, 누군가 애써 글을 읽고 애써 소개하고요. 남의 말에 귀를 열고 질문하고 영향을 받는 것도 애씀이지요.

— 창비, 2024년, 331쪽

누군가에게 제 이야기를 하거나 마음을 털어놓는 일에 서툴렀습니다. 감정을 쉽게 드러내지 않으려고 했고, 차분하고 냉정하게 삼켜내는 게 프로의 자세라고 생각했어요. 그런데 그렇게 누르기만 하다 보니 마음 깊숙이 쌓여가던 감정이 한순간에 터져버리더라고요. 그제야 깨달았습니다. 참는 게 강한 게 아니라 표현하는 게 진짜 용기라는 것을요. 감정을 쌓아두지 않고 조금씩 덜어내는 연습을 하면서 비로소 저도 몰랐던 제 모습이 보이기 시작했어요. 그 시간이 저를 단단하게 만들었습니다. 무너지지 않고 변화하기 위해 애썼던 스스로에게 기특하다고 말해주고 싶어요. "재은아, 달라진 네 모습이 좋아. 앞으로도 그렇게 멋지게 변해가자."

DATE   /   /

015 헤르만 헤세 『데미안』

각성된 인간에게는 한 가지 의무 외에는 아무런, 아무런, 아무런 의무도 없었다. 자기 자신을 찾고, 자신 속에서 확고해지는 것, 자신의 길을 앞으로 더 들어 나가는 것. 어디로 가든 마찬가지였다.

— 전영애 옮김, 민음사, 2000년, 169쪽

DATE   /   /

016 김민식 『외로움 수업』

외로움이 찾아오면, 반갑다고 해주세요. 이제 나를 온전히 사랑할 수 있는 시간이 온 겁니다. 다른 사람 눈치 살피고, 세상의 평가에 휘둘리느라 나를 잊고 살았는데, 그런 내가 나를 찾아온 겁니다. 이젠 나를 좀 돌봐줘.

– 생각정원, 2023년, 294쪽

바쁜 일상에 떠밀리고 사람에 치이는 하루하루. 정작 내 마음의 안부 한번 묻지 못한 채 방치하고 있진 않나요? 혼자만의 시간을 가져보세요. 외로움에 겁먹지 말고 그 순간을 천천히 음미해보세요. 고요함 속에 진짜 '나'와 마주할 수 있는 순간들이 숨어 있습니다. 그 속에서 비로소 내 목소리가 들리기 시작할 거예요. 바쁘다는 이유로 미뤄두었던 마음의 기척들, 오랫동안 다독이지 못했던 감정들을 보듬어주세요. 때론 세상과 한 발짝 떨어져 있을 때 나와 조금 더 가까워질 수 있습니다.

DATE   /   /

017 유시민 『공감필법』

우리는 모든 것을 더욱 인간답게 만들어야 합니다. 과학혁명의 시대에는 더욱 그렇습니다. 독서도 글쓰기도, 그리고 그 모든 것을 포함한 공부도 스스로 인생을 설계하고 그 인생을 자신이 옳다고 믿는 방식으로 살아가는 사람이 되는 데 초점을 맞추어야 할 것입니다. 수학 점수, 영어 점수를 따는 공부가 아니라 자신을 알고 남을 이해하고 서로 공감하면서 공존하는 인간이 되는 데 도움이 되는 공부를 해야 한다는 것이죠.

― 창비, 2024년, 128쪽

DATE   /   /

018 타라 웨스트오버 『배움의 발견』

불확실성을 인정하는 것은 약하고 무력하다는 것을 인정하는 셈이지만, 그럼에도 불구하고 자기 자신에 대한 신뢰를 잃지 않는 행동이다. 나약하지만 그 나약함 안에 힘이 들어 있다. 다른 사람의 마음이 아니라 자기 자신 안에서 살겠다는 확신.

- 김희정 옮김, 열린책들, 2020년, 311쪽

DATE / /

019 에리히 프롬 『자유로부터의 도피』

우리가 그것을 의식하든 의식하지 않든, 자기 자신이 아닌 것보다 더 부끄러운 일은 없고, 우리 스스로 생각하고 느끼고 말하는 것만큼 큰 자부심과 행복을 주는 것도 없다.

– 김석희 옮김, 휴머니스트, 2020년, 282-283쪽

DATE   /   /

020 성정기 『생각을 만드는 시간』

'신독(愼獨)'. 처음 들었던 날부터 제가 늘 가슴속에 품고 있는 말입니다. '아무도 없는 곳에서 자신을 속이지 않는다'라는 이 말은 자신을 진정으로 사랑하지 않으면 실천할 수 없는 말입니다. 자신을 진정으로 사랑하는 법을 알게 되면 무엇이 중요한지 깨닫게 되고 그때 타인을 자신과 같이 여기는 마음을 알게 됩니다. 그 마음이 바로 배려입니다.

— 위즈덤하우스, 2024년, 147쪽

아무도 보지 않는 곳에서의 내 행동, 말, 삶의 모습을 돌아봅니다. 누군가의 시선을 의식하지 않아도 되는 순간, 우리는 가장 솔직해지기도 하고 때론 가장 쉽게 무너지기도 하죠. 편안함이라는 작은 핑계 뒤에 숨어 자신을 속이기도 하고요. 그래서 늘 다짐합니다. 아무도 보지 않을 때의 내 모습이 바르고 정직하기를. 스스로 떳떳한 사람이 되기를. 겉으로만 그럴듯한 사람이 아니라 내면이 단단한 사람이 되기를. 나를 속이지 않는 태도야말로 타인을 사랑하고 믿을 수 있는 힘이 됩니다. 오늘도 나 자신과 조용히 약속해봅니다. "어떤 순간에도 나에게 부끄럽지 않기를."

DATE / /

스스로 떳떳한
사람이 되기를.

어떤 순간에도
나에게 부끄럽지
않기를.

021 유아란 『누군가의 성취가 나를 우울하게 할 때』

나를 평범한 사람으로 정의하고, 또 그 자체로 고유한 나를 잊지 않고 자존하면서, 때때로는 특별해지는 삶이야말로 바람직한 삶의 자세가 아닐까. 모두가 고유하고, 평범하게, 행복했으면 좋겠다.

— 서스테인, 2023년, 151쪽

DATE   /   /

022 마티아스 뇔케 『나를 소모하지 않는 현명한 태도에 관하여』

세련되게 겸손하려면 비대한 자신감이 아니라 '건전한 자존감'이 필요하다. 스스로를 과도하게 포장하지 않아야 하며, 너무 비판적으로 나갈 필요도 없다. 자신의 존재감을 확인할 수 있으면 된다. 나는 대체로 잘하고 있고, 이 정도로도 충분히 괜찮다는 사실을 알면 된다.

— 이미옥 옮김, 퍼스트펭귄, 2024년, 114쪽

DATE   /   /

023 칼릴 지브란 『예언자』

여러분이 진정으로 자유로워지는 것은 낮에도 근심이 없고 밤에도 아쉬움이나 슬픔이 없을 때가 아니라, 이런 것들이 삶을 옭아매도 훌훌 벗고 얽매이지 않은 채 이를 딛고 올라설 때입니다.

― 오강남 옮김, 현암사, 2019년, 85쪽

DATE   /   /

024 박웅현 『여덟 단어』

인생에 정석과 같은 교과서는 없습니다. 열심히 살다 보면 인생에 어떤 점들이 뿌려질 것이고, 의미 없어 보이던 그 점들이 어느 순간 연결돼서 별이 되는 거예요. 정해진 빛을 따르려고 하지 마세요. 우리에겐 오직 각자의 점과 각자의 별이 있을 뿐입니다.

— 인티앤, 2023년, 37쪽

유독 빛이 나는 사람들이 있습니다. 요란하게 드러내지 않아도 존재만으로 묵직한 울림을 주는 사람. 중심을 지키고 자신이 선택한 길에 후회 없이 발을 내딛는 사람. 뒤돌아보지 않고 비교하지 않고 묵묵하게 자기 길을 걸어가는 사람. 크고 작은 시련 앞에서도 쉽게 무너지지 않고 실패와 좌절마저도 품위 있게 감내해내는 사람. 속도가 아닌 방향을 믿고 조금씩 천천히 나아가는 사람. 결코 포기하지 않는 사람. 내면에서 우러나는 단단한 빛으로 오랫동안 조용히 반짝이는 사람. 그 빛은 타고나는 것도, 어느 순간에만 반짝이는 것도 아닙니다. 꾸준히 살아낸 시간 위에 차곡차곡 쌓여 만들어진 거예요. 그래서 더 아름답고 눈부십니다.

DATE   /   /

**자신을 사랑할 줄 아는 당신,
스스로에게 건네는 응원의 문장을 적어보세요.**

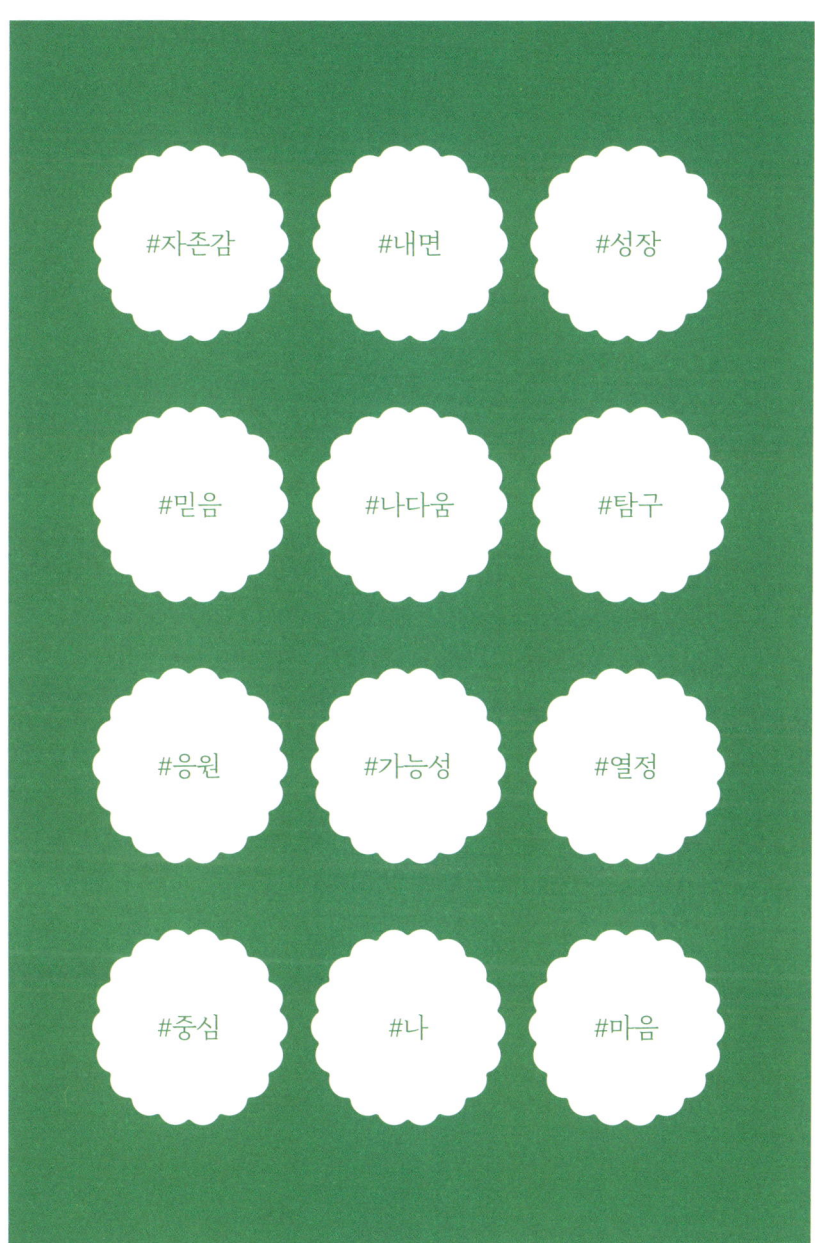

CHAPTER

②

멈추지 않으면
꿈에 닿는다

꾸준함과 성실함이라는 재능

CHAPTER 2에서는 일터에서의 근육을 기르는 노하우를 이야기하려고 합니다. 있는 그대로의 나를 인정하고 사랑하는 사람은 자신의 일을 사랑하고 무엇보다 잘 해냅니다. 어떻게 하면 '프로 일잘러'가 될 수 있을까요? 그 답을 찾아 헤매던 저에게 응원이 되었던 문장들을 이곳에 담았습니다. 모아놓고 보니 모든 문장이 결국 한 방향을 가리킵니다. '그 어떤 재능도 꾸준함과 성실함을 이길 수 없다는 것'. 사소해 보이는 일상을 가볍게 여기지 않고 반복되는 하루를 견고하게 쌓아 올리며 자신만의 길을 묵묵히 걸어가는 사람. 그런 사람들은 시간이 흐를수록 더욱 단단해지고 결국 삶의 방향을 자신이 원하는 대로 끝까지 지켜낼 수 있어요. 하지만 우리는 종종 조급해지고, 능숙해지기보다 완벽해지기를 바라며 스스로를 몰아세우기도 합니다. 남보다 빨리 눈에 띄는 성과를 보여줘야 일 잘하는 사람이 될 수 있을 것만 같죠. 그러나 진짜 중요한 건 결과보다 과정이고 일을 대하는 태도입니다. 실력은 하루아침에 완성되지 않아요. 작은 일 하나에도 진심과 최선을 다하는 마음에서 진짜 실력은 서서히, 하지만 분명하게 자라납니다. 성공하는 사람들의 가장 큰 무기는 '비상한 재능'이 아니라 지치지 않고 반복할 수 있는 '꾸준함'입니다. 느리더라도 한 걸음씩 꾸준하게, 내가 서 있는 자리에서 내공을 차곡차곡 쌓아 올리는 것이 중요합니다.

일 잘하고 싶은 사람이 가져야 할 마음가짐과 습관, 그리고 흔들릴 때 붙잡아야 할 중심에 대해 나누고 싶어요. 지금은 부족해 보여도 꾸준히 쌓아가는 오늘의 노력과 성실이 언젠가 분명한 차이를 만들어내는 순간이 옵니다. 오래도록 무너지지 않는 내면의 힘을 기르는 것. 성과보다 성실함에 무게를 두고 결과보다 과정의 진정성에 주목하는 것. 그 모든 하루가 쌓여 마침내 꿈에 닿을 수 있을 거라고 믿습니다. 이제, 단단한 마음으로 오늘 하루를 시작해볼까요? 당신의 작은 걸음걸음에 응원을 보냅니다. 그 꾸준함이 내일의 당신을 빛나게 할 거예요.

025 히사이시 조 『나는 매일 감동을 만나고 싶다』

내 음악의 첫 번째 청중은 나 자신이다. 따라서 내가 흥분할 수 없는 작품은 사람들 앞에 내놓을 수 없다. 내가 좋아하고 감동할 수 있는 작품이 아니면 사람들의 마음을 움직이고 감동시키는 것은 도저히 불가능하다. 최초이며 최고의 청중은 바로 나 자신인 것이다.

— 이선희 옮김, 샘터, 2016년, 43쪽

10년 넘게 매일 방송을 했지만 여태껏 "완벽했어. 끝내주게 잘했어" 하며 만족한 적이 있었던가 돌이켜보면 단 한 번도 없는 것 같아요. 물론 매 순간 최선을 다했고 그 과정에 아쉬움과 후회는 없어요. 하지만 마음 한편에 채우지 못한 무언가가 남아 있죠. 스스로에게 너무 가혹한가 싶으면서도 이런 부족함과 목마름이 다음을 향한 동력이 되어주곤 합니다. 나 자신에게 부끄럽지 않도록 더 깊이 완성되어가는 내일을 향해 오늘도 한 걸음 나아갑니다.

DATE   /   /

026 마르쿠스 아우렐리우스 『명상록』

나의 외부에서 일어나는 일들은 나를 구성하고 있는 부분들 중에서 그 일들에 의해서 영향을 받을 수 있는 부분들에 영향을 미치기를 원하고, 실제로 나의 그 부분들은 그 일들로 인해 불평할 수도 있다. 하지만 내가 그런 일들을 해로운 것이라고 판단하지만 않는다면, 나는 여전히 해를 입지 않고, 내게는 그렇게 할 수 있는 능력도 있다.

— 박문재 옮김, 현대지성, 2018년, 133쪽

스스로 꽤 단단한 사람이라고 여기지만 가끔 예상치 못한 말 한마디에 흔들릴 때가 있습니다. 얼굴 한 번 본 적 없는 낯선 이의 댓글에도요. 나를 제대로 알지 못하는 사람들의 말에 내 인생이 송두리째 흔들리는 기분이 들 때마다 생각합니다. 내가 지금 흔들린다는 건 그 사람에게 내 삶의 방향키를 넘기는 것과 다르지 않다고요. 그래서 다짐하죠. 이름도 모를 누군가의 시선이나 말이 아닌 나의 신념, 가치가 나를 이끌어야 한다고. 내 삶의 방향키는 내가 쥐고 있어야 한다고요. 스스로 온전히 꿈을 그려나갈 수 있도록 지금 서 있는 자리에 단단히 뿌리내리는 우리가 되기를 바랍니다.

DATE   /   /

⑦ 샐리 M. 윈스턴 외 9인 『생각이 나를 괴롭힐 때』

우리는 스스로 변화를 만들 수 있다. 누구나 자신에게서 변화의 가능성을 느낀 근거가 있을 것이다. 그런 근거를 찾아보면, 불확실성에 따르는 불안감을 해소하는 해답을 얻게 된다. 변화는 어려운 일이고 아무것도 확신할 수 없다. 그래도 우리는 원치 않는 생각이나 감정, 행동을 변화시킬 수 있다.

– 제효영 옮김, 심심, 2024년, 70쪽

DATE   /   /

028 김애리 『열심히 사는 게 뭐가 어때서』

지금 새로운 꿈을 꾸며 판을 새로 짜는 중이라면 가장 먼저 취해야 할 액션은 바로 믿음을 갖는 것이다. 저기 깊숙한 곳에서 올라오는 '내가 감히 그걸 어떻게 해?'라는 목소리에 귀를 닫고 '내 속도로 내 방식대로 살 거야'라고 당당히 외치는 것이다. 어느 누구도 딴지 걸지 못할 강력한 믿음이 결국은 길을 안내한다. 매순간 나를 위한 최선의 길을 안내한다.

— 청림Life. 2019년. 256쪽

처음으로 커리어에 공백기가 찾아왔을 때, 새로운 시작에 대한 설렘과 기대보다는 불안과 두려움이 더 크게 밀려왔습니다. '내가 과연 다시 해낼 수 있을까? 차라리 도망치고 싶다'는 생각이 스치기도 했어요. 길을 잃고 방황하던 저를 다시 트랙 위로 세워준 건 다름 아닌 '믿음'이었습니다. 막막한 내일이 두렵고 불안한가요? 그렇다면 지금 바로 '액션'을 취해보세요. 어느 누구도 딴지 걸지 못할 강력한 믿음의 액션을요! 아무도 흔들 수 없는 단단한 확신에서 비롯한 그 한 걸음이 새로운 길을 여는 시작이 될 수 있습니다.

DATE   /   /

029 김진영 『우리는 아직 무엇이든 될 수 있다』

일과 삶은 분리될 수도 있고, 분리되지 않을 수도 있다. 하지만 언제나 그 스위치는 내가 쥐고 있어야 한다. 분리하고 싶거나 분리해야 할 때는 언제라도 분리할 수 있도록. 그 스위치가 속도 조절의 기본이고, 속도를 조절해야만 오래 멀리까지 달릴 수 있다. 그리고 그 스위치를 내 손에 쥐고 있으려면 '일을 잘한다는 것'에 대한 나만의 구체적인 정의가 필요하다는 걸 알았다. 나의 한계를 알고, 동시에 내가 기어코 잘 해낼 일과 물러설 일을 고를 수 있는 기준이 필요하다는 것 또한 알게 되었다.

― 휴머니스트, 2022년, 103쪽

DATE   /   /

030 무란 『당신의 1분은 얼마인가』

자신의 위치를 정확하게 알고 최종 목표를 향해 전진해야 내딛는 걸음마다 방향이 정확할 수 있다. 눈코 뜰 새 없이 바쁘게 일했는데 나중에 보니 원래의 목표와 동떨어져 있는 상황을 발견하는 것만큼 슬픈 일은 없다. (중략) 목표에 도달하기 위해 반드시 어떤 일을 해야 하는지, 중요하지 않은 것은 무엇인지 정확하게 파악한다.

— 송은진 옮김, 와이즈맵, 2021년, 70-71쪽

"인생은 속도가 아니라 방향이다." 익숙한 문장이지만 살아갈수록 그 의미가 더욱 깊게 다가옵니다. 올바른 방향을 향해 성실하게 나아간다면 조금 더딜지라도 반드시 목적지에 닿게 됩니다. 반면 분명한 목적이 없는 여정은 쉽게 지치고 결국 길을 잃기도 하죠. 조급한 마음에 더 빨리, 더 많이 이뤄야 한다는 강박에 사로잡힐 때도 있지만 중요한 건 얼마나 빠른가가 아니라 어디로 향하고 있는가입니다. 오늘도 자신만의 나침반을 따라 묵묵히 걸어가기를.

DATE   /   /

오늘도
자신만의
나침반을 따라

묵묵히
걸어가기를.

031 우종영 『나는 나무에게 인생을 배웠다』

보다 나은 내일을 꿈꾸며 끈기 있게 기다리는 자세는 물론 중요하다. 하지만 기다림 그 자체만으로 달라지는 것은 아무것도 없다. 작은 씨앗이 캄캄한 흙을 뚫고 세상 밖으로 머리를 내밀듯, 우선 내가 있는 자리에서 한 걸음 나아가려는 용기가 필요하지 않을까.

– 한성수 엮음, 메이븐, 2019년, 96쪽

DATE   /   /

032 이연 『모든 멋진 일에는 두려움이 따른다』

모든 성장에는 비슷한 그래프가 있다. 어느 정도 하다가 벽을 만난다. 그 통곡의 벽에서 많은 사람이 관두고, 그 벽을 간신히 넘으면 또다시 평야가 펼쳐지고, 그러다 다시 벽을 만나는 반복이다. 이 패턴을 아는 게 중요하다.

– 한빛라이프, 2023년, 143쪽

DATE   /   /

033 매튜 맥케이 외 6인 『또 화내고 늘 후회하고 있다면』

우리가 순간순간 내리는 결정과 행동은 욕구와 두려움, 스트레스, 개인사, 그 밖에 여러 요소의 영향을 받는다. 선택하는 순간에는 그게 옳다고 느끼고 그래야만 한다는 기분이 든다. 의구심이 들더라도 다 잘되길 바라는 마음과 기대로 일단 밀고 나간다. 이런 사실을 받아들여야 내면에서 나오는 비판의 목소리가 잠잠해진다.

— 제효영 옮김, 심심, 2024년, 191쪽

DATE   /   /

034 여수언니(정혜영) 『나의 봄날인 너에게』

사람들은 실패를 두려워하지만, 가장 허무한 실패는 시작하지 못해서 하는 실패다. (중략) 삶은 실패와 성공으로 나뉘는 게 아니라 해냄과 배움으로 나뉜다. 실패는 늘 나에게 배움을 준다. 실패의 끝에는 어제보다 더 많은 것을 알고 나아진 내가 있다.

잊지 말자. 세상은 딱 두 부류, 하는 사람과 하지 않는 사람으로만 나뉜다는 것을. 그리고 일단 뭔가를 시작하는 것만으로도 삶은 변화한다는 것을.

― 놀, 2023년, 230-231쪽

최근 들어 가장 두려웠던 순간은 무언가를 시작하는 일조차 망설이는 제 자신을 마주했을 때였습니다. 어떤 일이든 주저 없이 뛰어들고 도전을 두려워하지 않았는데, 새로운 일 앞에서 머뭇거리는 제 모습이 낯설게 느껴졌어요. 그때 처음으로 '내가 어른이 되었구나' 깨달았습니다. 꿈꾸는 일 앞에서는 영원히 철들고 싶지 않았는데 말이에요. 세월을 막을 순 없겠지만 적어도 실패를 두려워하지 않고 망설임 없이 용기 있게 첫발을 내딛고 싶어요. 그러니 고민하지 말고 일단 출발! 일단 시작! 그 한 걸음이 저를 또 다른 꿈으로 데려다주겠죠?

DATE   /   /

035 신은혜 『가능한 불가능』

두려운 도전 앞에서 스스로에게 주문을 걸었던 시간들이 있다. 난 할 수 있다, 난 할 수 있다, 아무리 다짐해봐도 그건 두려움을 극복하는 데 도움이 되지 않았다. 대신, 별거 아니더라도, 아주 작은 것이라도, 직접 해보며 할 수 있다는 '경험'을 얻는 게 중요했다.

— 제철소, 2022년, 256쪽

DATE   /   /

036 김익한 『파서블』

상대적 비교가 아닌 나와 우리가 지닌 능력의 절대적 가치를 인정하고, 그것을 끌어올리는 데 집중한다면 당장의 결과물에 좌절하거나 비관하지 않을 수 있다.

'나는 이것밖에 안 되는구나', '우리는 역시 안 돼' 하는 절망적인 생각에 빠져 있지 말고, 현재 직면한 한계를 극복하면 분명 새로운 능력을 장착할 것이라는 확신을 가져보자.

— 인플루엔셜, 2023년, 268쪽

DATE   /   /

037 사이토 다카시 『여전히 서툰 어른입니다』

자신의 약점을 있는 그대로 인정하는 것 못지않게 강점을 잘 발견하고 인식하는 것도 중요하다. 내게 어떤 강점이 있는지 발견하고 깨닫는 것은 식물이 제 몸에 닿은 햇볕을 인식해 광합성을 하는 것과 같다. 식물이 빛을 느끼는 것만으로 광합성을 시작하고 스스로 성장하듯, 사람 역시 강점을 인식하는 것만으로도 성장하는 특징을 보인다. 스스로 강점을 발견하지 못하거나 인정하지 않는다면, 내 안의 숨은 잠재력은 싹을 틔워보지도 못한 채 사장될 수밖에 없다.

– 정미애 옮김, 인플루엔셜, 2021년, 22-23쪽

DATE   /   /

038 브라이언 트레이시 『행동하지 않으면 인생은 바뀌지 않는다』

진짜 동기부여는 능력이 향상되었다고 느끼는 순간에 찾아온다. 어제의 자신을 뛰어넘는 미세한 진전에 만족과 희열을 느끼면서 계속 행동하고 싶은 마음이 든다. (중략) 생생한 자기 효능감이 쌓여 점차 발전해나가는 모습을 뚜렷하게 그릴 수 있을 때 진짜 동기가 부여된다. 즉, 진짜 동기부여는 나아가고 있다는 감각이다.

— 정지현 옮김, 현대지성, 2024년, 47-48쪽

DATE   /   /

039 마쓰우라 야타로 『일의 기본 생활의 기본 100』

열심히 하는 모습을 멋쩍어하지 말고 부끄러워하지 말고 드러내도록 합시다. '나는 지금 어떤 식으로 보여지고 있을까' 따위는 신경쓰지 마십시오. 정말이지 아무짝에도 쓸모가 없는 걱정일 뿐입니다. 주변 사람들의 입방아에 신경이 쓰이지 않을 정도로 열심히 몰두합시다.

― 오근영 옮김, 책읽는수요일, 2016년, 189쪽

눈앞에 있는 것에 최선을 다해 몰두하기! 열심과 열정을 부끄러워하지 말고 스스로를 따스하게 격려하고 칭찬하기! 나는 나의 뜨거운 열정을 응원해!

DATE   /   /

040 마크 맨슨 『신경 끄기의 기술』

간혹 어떤 사람이 뭔가에 특별한 능력을 발휘하는 건 자신이 특출하다고 믿어서가 아니다. 오히려 이런 능력은 부족한 점을 보완하는 데 집착할 때 나온다. 또 이러한 '개선에 대한 집착'은 자신이 전혀 대단하지 않다는 올바른 믿음에서 나온다. 즉, 한 분야에서 위대한 성취를 이룬 사람이 '나는 아직 대단한 사람이 아니며 앞으로 더 나아질 수 있다'고 생각하는 것 자체가 성공의 원동력이 된다는 것이다.

– 한재호 옮김, 갤리온, 2017년, 62쪽

DATE   /   /

041 황선우 『사랑한다고 말할 용기』

매사에 완벽하려 할 때 우리는 항상 어딘가는 부족한 사람일 수밖에 없다. 하지만 자기만의 장점과 단점, 강점과 약점을 가진 채로도 온전히 해낼 수 있다고 용기를 낼 때 커다란 가능성과 마주할 수 있다. 완벽으로 가는 과정에는 반복이 필요하다. 완벽하지 않아도 팽개치지 않겠다는 마음을 가지고 결과물을 쌓아나가는 성실의 시간 말이다.

– 책읽는수요일, 2021년, 33쪽

DATE   /   /

042 조셉 머피 『조셉 머피 부의 초월자』

좌절감이 들거나 그만두고 싶거나 되돌리고 싶은 유혹이 들 때마다 다시 생각하라. 내 눈에 보이진 않지만 지금 산꼭대기 가까이에 와 있는지도 모른다. 몇 걸음만 더 앞으로 나아가 꼭대기에서 내려다보면 방금 넘어온 장애물이 마지막 장애물이었음을 알 수 있다.

수많은 업적과 혁신은 끈기가 부족한 사람들이 포기하거나 되돌아간 후에도 마지막까지 붙잡고 있던 이들에 의해 달성됐다.

— 조율리 옮김, 다산북스, 2022년, 168쪽

성공하는 사람들의 가장 강력한 무기는 '꾸준함'이라고 생각합니다. 꾸준하게 자신의 자리를 지키는 것. 성실하게 그 길을 가는 것. 그 어려운 일을 해내는 사람이 결국 정상에 올라설 수 있습니다. 지금 당장 눈에 띄는 성과가 없다고 해서, 세상이 말하는 '한 방'이 없다고 해서 낙담하거나 좌절하지 마세요. 오랜 시간 흔들림 없이 내딛은 발걸음은 결국 누구도 닿지 못한 곳에 당신을 데려다줄 거예요.

DATE   /   /

꾸준하게
자신의
자리를
지키는 것.

성실하게
그 길을
가는 것.

043 헨리 데이빗 소로우 『월든』

어떤 사람이 자기의 또래들과 보조를 맞추지 않는다면, 그것은 아마 그가 그들과는 다른 고수鼓手의 북소리를 듣고 있기 때문일 것이다. 그 사람으로 하여금 자신이 듣는 음악에 맞추어 걸어가도록 내버려두라. 그 북소리의 박자가 어떻든, 또 그 소리가 얼마나 먼 곳에서 들리든 말이다. 그가 꼭 사과나무나 떡갈나무와 같은 속도로 성숙해야 한다는 법칙은 없다. 그가 남과 보조를 맞추기 위해 자신의 봄을 여름으로 바꾸어야 한단 말인가?

― 강승영 옮김, 은행나무, 2011년, 482쪽

사회생활을 하다 보면 종종 자신만의 원칙에 지나치게 집착해 주변을 힘들게 하는 사람을 만납니다. 자신이 세운 기준에서 조금만 벗어나면 용납할 수 없다는 듯 다른 사람을 가두려고 하죠. 아이러니하게도 그렇게 높게 쌓은 울타리에 스스로 걸려 넘어지기도 합니다. 모든 사람에게는 각자의 삶이 있고 저마다의 고유한 속도가 있습니다. 저자의 말처럼 자신에게 어울리는 음악에 맞춰 가면 됩니다. 그 누구도 봄을 여름으로 바꿀 수 없듯 우리의 삶 역시 그렇습니다.

DATE   /   /

044 나폴레온 힐 『놓치고 싶지 않은 나의 꿈 나의 인생 1』

진심으로 성공하기를 원한다면 '수를 쓰는 일'은 하지 않아야 한다. 인내하며 끝까지 해내야 한다는 각오가 잠재의식을 불러일으키는 것이다.

그러면 한번 더 자신의 마음에다 물어보라. 당신은 진심으로 소망하고 있는가? 자기암시가 그 힘을 발휘하게 될 것인가, 아닌가는 당신이 얼마만큼 소망에 마음을 집중시킬 수 있는가에 달려 있는 것이다.

― 권혁철 옮김, 국일미디어, 2025년, 125쪽

DATE   /   /

045 라이너 마리아 릴케 『젊은 시인에게 보내는 편지』

당신 마음속의 해결되지 않은 모든 것에 대해서 인내를 가져주십시오. 그리고 물음 그 자체를 닫혀 있는 방처럼, 아주 낯선 말로 쓰인 책처럼 사랑해주십시오. 지금 당장 해답을 찾아서는 안 됩니다. 아마도 당신이 해답에 맞추어 살아갈 수 없기 때문에 지금 당신에게 그 해답이 주어지지는 않을 것입니다. 모든 것을 산다는 것은 긴요한 일입니다. 지금은 물음을 살아가십시오. 그렇게 하면 아마도 당신은 차츰 자기도 모르는 사이에 먼 미래의 어느 날, 해답 속으로 들어가서 해답을 살아가게 될 것입니다.

— 송영택 옮김, 문예출판사, 2018년, 35쪽

(046) 김주원 『나와 마주하는 일』

나는 주목받지 않는 작은 순간들에 더 집중한다. 작품 안에서도 감정이 고조되는 클라이맥스가 아니라 관객도 스태프도 눈치채지 못하는 사소한 신에 꽂혀 그 신에 내 모든 감정을 담아내려고 안간힘을 쓰곤 했다. 마음먹은 대로 되지 않는 동작을 반복 연습해 되도록 만드는 건 당연한 일이고, 아무리 박수와 칭찬을 받아도 내가 표현하고자 한 지점에 도달해야 비로소 만족감을 느끼곤 했다.

— 몽스북, 2024년, 103쪽

삶의 작은 일들을 소중하게 대하는 사람에게 언젠가 크고 찬란한 기적이 찾아온다는 진리를 믿어요.

DATE   /   /

047 최인아 『내가 가진것을 세상이 원하게 하라』

나의 의도와 기호, 취향만이 나를 성장시키는 건 아닌 것 같습니다. 때론 내가 싫어했던 일, 혹은 당장의 이익을 가져다주진 않는 일이 나를 키우죠. 그것을 해나가다 보면 그 길 어딘가에서 자신을 다시금 돌아보고 새로 발견하는 지점을 만나게 됩니다. 나도 모르고 있던 내 안의 어떤 것을 끄집어내는 역할을 일이 해주는 겁니다.

– 해냄, 2023년, 94쪽

DATE   /   /

048 마쓰우라 야타로 『좋은 감각은 필요합니다』

세상에 승자와 패자가 존재하는 것은 어쩔 수 없는 일이지만 승자와 패자의 차이는 종이 한 장 차이입니다. 그래서 나는 패자라서 안 된다고는 생각하지 않습니다. 패자여도 부지런히 무언가를 계속 도전해나가는 것만으로도 가치 있는 존재로 바뀌니까요. (중략) 생각대로 되지 않고 실패만 이어지는 경우도 있겠지만 스스로 의욕을 꺾지 않고 계속 도전한다면 누군가는 지켜봐주기 마련입니다.

― 최윤영 옮김, 인디고, 2020년, 50쪽

DATE   /   /

049 이광형 『우리는 모두 각자의 별에서 빛난다』

명확한 꿈을 세운 사람은 가장 고된 길에서도 앞으로 나아가지만, 아무 꿈이 없는 사람은 가장 순탄한 길에서조차 포기하고 돌아서는 법이다. 그러니 내 꿈에 대해 누군가 왈가왈부하는 말에 신경 쓰지 않아도 된다. 꿈에 관한 한, 지나치게 다른 사람의 목소리에 귀 기울이지 않는 편이 낫다는 생각이다. 내 인생을 이끌어줄 지도를 다른 사람에게 그려달라고 할 수는 없지 않은가.

- 인플루엔셜, 2022년, 119-120쪽

꿈이 무엇이냐고 묻는 질문에 선뜻 답하지 못했던 때가 있습니다. 내 능력에 비해 너무 크고 벅찬 꿈이 아닐까? 스스로 부끄러웠나 봐요. 누군가 평가하고 판단할까 두렵기도 했고요. 그런데 어느 날 티브이 프로그램에서 흘러나오는 말이 귓가를 울렸어요. "좀 별로면 어때? 이제 처음 해보는데." 맞아요. 내 꿈에 대해 누가 뭐라 하면 어때요? 조금 헤매면 어때요? 처음이니까 서툴 수 있고 시간이 걸릴 수도 있겠죠. 중요한 건 포기하지 않는 마음입니다. 포기하지 않는다면 분명 언젠가 꿈에 닿을 거예요.

DATE   /   /

중요한 건
포기하지 않는
마음입니다.

포기하지
않는다면
분명 언젠가
꿈에 닿을 거예요.

050 한수희 『오늘도 우리는 나선으로 걷는다』

나와 말이 안 통하는 사람, 내 말에 토를 다는 사람, 나를 기분 나쁘게 하는 사람을 만나는 건 정말 짜증 나는 일이다. 심지어 그런 사람들과 매일 얼굴을 맞대고 일까지 해야 하다니, 그건 얼마나 큰 고통인가. 하지만 그들이 없다면 내가 어떤 사람인지 알 수 있을까? 인간의 개성은 타인과 내가 부딪치는 경계에서 마찰흔처럼 드러난다. 자기만의 방에 갇힌 채 내 좁은 시야 안에 들어오는 것들만을 세상의 전부로 여기지 않기 위하여, 나만 피해자라는, 내 인생만 망했다는 착각에서 헤어나기 위하여, 자기 자신을 있는 그대로 받아들이기 위하여 우리는 오늘도 문을 열고 타인과 지지고 볶는 삶을 향해 한 발을 내딛는 것이다.

— 터틀넥프레스, 2023년, 56쪽

DATE   /   /

051 안주연 『내가 뭘 했다고 번아웃일까요』

물론 우리가 에너지를 100퍼센트 써가며 '하얗게 불태워도' 헤쳐나가기 어려운 세상에 살고 있는 게 맞습니다. 그렇지만 에너지를 남김없이 쓰고 나가떨어진다면, 그래서 아프고 괴롭고 힘들다면, 나 자신을 누가 돌봐줄 수 있나요? 스스로가 지치지 않게끔 자기를 돌보는 시간과 태도가 모두에게 필요합니다.

— 창비, 2020년, 69쪽

DATE   /   /

052 이원흥 『일을 잘하고 싶은 너에게』

나는 내 마음의 사전에 파이팅이란 말의 뜻풀이를 이렇게 하고 싶다. '씩씩하자. 어떤 상황이든 굳세고 당당하자. 일과 삶의 모든 국면이 싸움은 아니겠으나 피할 수 없는 싸움에 임해서는 도망가지 말자.' 옥스퍼드 영어 사전은 다르게 설명해 놓았지만 뭐 어떤가? 옥스퍼드 사전 편집자는 그들의 자리에서, 나는 또 내가 있는 여기에서, 당신은 또 당신이 계신 거기에서, 파이팅!

― 유영, 2022년, 189쪽

제 마음 사전 속 '파이팅'의 뜻은 '행복하자. 어떤 상황에서도 기뻐하고 즐기며 감사하자'입니다. 당신에게 '파이팅'은 어떤 의미인가요?

DATE   /   /

053 조훈현 『고수의 생각법』

나는 세상이 바둑처럼 경쟁만 있고 1등만 살아남는 곳이라고 생각하지는 않는다. 그러나 어떠한 삶을 살든 자신만의 영토를 넓히기 위해 노력하는 자세를 갖춰야 한다. 영토 확장이 꼭 성공과 출세, 승리만을 의미하지는 않을 것이다. 자신의 잠재력과 가능성을 최대로 발휘하는 것, 꿈을 실현하는 것, 그리하여 자신의 존재 이유를 찾는 것. 그것이 바로 세상에서의 영토 확장일 것이다.

– 인플루엔셜, 2023년, 104-105쪽

DATE   /   /

**오늘도 꿈을 향해 달려가는 당신,
자신감을 북돋는 용기의 문장을 적어보세요.**

CHAPTER

3

현명한 관계를
맺는 힘

건강한 관계의 시작은 나로부터

좋은 관계란 무엇일까요? 어떻게 해야 타인과 현명하게 지낼 수 있을까요? 많은 사람들이 관계를 어려워합니다. 상대에게 미움받지 않기 위해, 혼자 뒤처지지 않기 위해 애쓰며 관계를 이어갑니다. 하지만 마음이 단단한 사람들은 혼자가 되는 것을 두려워하지 않아요. 용기 있게 물러날 줄 알고 '아닌 것은 아니다'라고 말할 수 있는 중심을 지니고 있죠. 겸손하되 비굴하지 않고, 상대를 배려하되 자기 존중을 포기하지 않습니다. 자신의 신념을 지키면서도 타인을 깎아내리지 않는 절제된 태도와 품격이 건강한 관계를 만듭니다. 이러한 자세는 당장은 조금 답답해 보일지 몰라도 결국 일터에서도 신뢰를 얻는 바탕이 됩니다.

관계에도 분별이 필요합니다. 진짜 좋은 관계는 편안함 속에서도 긴장을 잃지 않고, 가까움 속에서도 건강한 거리를 유지합니다. 마음을 나누되 경계를 넘지 않고 침묵으로도 서로를 이해할 수 있는 관계를 맺을 줄 아는 사람이 일에서도 사람 사이에서도 무너지지 않을 수 있습니다. 또한 그런 사람들은 '좋은 사람'으로 보이기 위해 자신을 지나치게 포장하거나 무리하지 않아요. 그저 자연스럽고 건강하게 관계를 지속해 나갑니다. 물론, 그렇게 살다 보면 때로는 혼자가 될 때도 있습니다. 하지만 오히려 그 시간 속에서 중심을 가다듬고 내면을 정돈하며 다음 걸음을 준비하죠. 지금부터 저와 함께 타인과 현명하게 관계를 맺으며 그 속에서 자신을 지켜내는 자세를 길러볼까요?

054 구병모 『한 스푼의 시간』

사람은 자기가 본 한 개의 면이 사람이나 사물의 본질 내지는 진실이라고 믿는 경향이 강하기에, 측면이나 이면을 섬세히 주시하는 신규 학습은 누구에게나 필요한 것일지 모른다.

– 위즈덤하우스, 2016년, 56쪽

DATE   /   /

055 김단 『관계력』

마음을 얻고 싶은 타인과 대화할 때 필요한 건 판단도 해결책도 아니다. 그들이 원하는 것은 그저 자신에 대한 호기심과 호응뿐이다. 그것으로 충분하다. 타인에 대한 호기심은 자신의 내면이 평온해진 상태에서 찾아온다는 사실을 잊지 말자. 그러니 먼저 자신을 다스려야 한다.

— 클레이하우스, 2023년, 153쪽

섣부른 판단이나 조언보다 먼저 호기심과 관심으로 반응할 수 있는 마음. 그런 여유와 따뜻함은 결국 자기 마음을 잘 돌볼 줄 아는 사람에게서 나옵니다. 내가 평온해야 타인의 마음에도 부드럽게 다가갈 수 있으니까요.

DATE   /   /

056 포리스트 카터 『내 영혼이 따뜻했던 날들』

영혼의 마음은 근육과 비슷해서 쓰면 쓸수록 더 커지고 강해진다. 마음을 더 크고 튼튼하게 가꿀 수 있는 비결은 오직 한 가지, 상대를 이해하는 데 마음을 쓰는 것뿐이다. 게다가 몸을 꾸려가는 마음이 욕심 부리는 걸 그만두지 않으면 영혼의 마음으로 가는 문은 절대 열리지 않는다. 욕심을 부리지 않아야 비로소 이해라는 것을 할 수 있기 때문이다. 반대로 더 많이 이해하려고 노력하면 영혼의 마음도 더 커진다.

― 조경숙 옮김, 아름드리미디어, 1996년, 115-116쪽

욕심이 마음의 문을 가로막을 때가 있습니다. 내가 옳다는 생각, 더 많이 가지려는 마음, 남보다 앞서고 싶다는 조급함이 시야를 흐리게 만듭니다. 욕심을 내려놓고 겸손한 마음으로 세상을 대할 때 우리는 비로소 더 크고 넓은 세계와 마주하게 됩니다. 닫혔던 마음의 문이 열리고 보이지 않던 마음이 보이기 시작합니다. 이해하고 수용하는 힘은 약한 것이 아니라 오히려 가장 강한 마음의 표현입니다. 그 힘이 쌓일수록 더 깊어지고 단단해지고 아름다운 사람으로 자라납니다. 오늘도 영혼의 마음을 키워나가는 길 위에서 조금 더 강해질 나의 모습을 기대해봅니다.

DATE   /   /

057 이와타 마쓰오 『결국 성공하는 사람들의 사소한 차이』

내가 중요하게 여기는 것 중 하나는 '언제나 자연스러운 모습으로 있는 것'이다. 자신을 비하하지도 않지만, 그렇다고 과장되게 포장하지도 않는 모습이다. 한결같은 마음으로 어깨에 힘을 넣지 않고 누구에게나 똑같이 대한다. 이때도 나는 편하고 자연스럽지만, 만약 상대가 불쾌감을 느낀다면 나의 태도를 개선해야 할 것이다.
그러기 위해서는 겸허한 마음으로 자신을 돌아볼 수 있어야 한다.

― 김윤경 옮김, 비즈니스북스, 2018년, 159쪽

방송을 할 때도, 사람을 대할 때도, 그리고 일상의 순간들 속에서도 제가 가장 중요하게 여기는 건 자연스러움입니다. 스스로를 지나치게 포장하지도, 과하게 깎아내리지도 않고 있는 그대로의 나로 서는 것이 진짜 힘이라고 믿습니다. 요란하지 않지만 한결같은 태도로 내 자리에서 할 수 있는 일을 다하는 것. 빛은 결국 그런 사람에게 스며듭니다.

DATE   /   /

있는
그대로의
나로 서는 것.

빛은 결국
그런 사람에게
스며듭니다.

058 김민섭 『당신은 제법 쓸 만한 사람』

내가 아는 좋은 사람들은 개인에게, 특히 연약한 시기를 겪고 있는 개인에게 어떻게 변화하라고 잘 말하지 않는다. 대신 그의 처지에서 사유하고 자신의 연약했던 시기를 기억해낸다. 내가 아는 나쁜 사람들은 연약한 개인들에게 당신들의 노력이 부족하다거나 잘못되었다거나 하며 변화를 요구하고 자신의 연약했던 시기를 추억한다. 누군가는 타인에 대한 다정한 이해를 바탕으로 사회를 변화시키고자 하고, 누군가는 타인에게 냉정한 변화를 요구하며 사회의 부조리함을 이해하고자 한다. 우리가 어느 편에 서야 할지는 명확하다.

― 북바이북, 2023년, 186쪽

DATE   /   /

059 송창현 『직장 내공』

배움을 위해서는 상대를 가릴 필요가 없다. 상대방이 왜 싫은지에 대해 고민하고 피해 다니기보단, 그 사람에게서 뽑아먹을 역량을 알아차리는 편이 훨씬 낫다. 다시 말하지만 배울 것과 배우지 말아야 할 것 둘 다 소중하다. 더불어 싫어하는 사람에게 있는 역량은 대개 내게 부족할 때가 많다. 누군가를 싫어하는 자신을 탓하거나, 나를 싫어하는 누군가를 불편해할 필요 없다. 우리는 그저, 자신을 위한 배움에 집중하면 된다. 그게 남는 거니까.

― 가나출판사, 2019년, 166-167쪽

살다 보면 불편한 사람을 만나는 건 피할 수 없는 일입니다. 자신의 기준으로 판단하고 단정 짓는 사람들 앞에서 상처받고 억울한 마음이 드는 건 어쩌면 당연한 일이겠죠. 그럴수록 저는 불평과 불만으로 얼룩진 상태에 제 마음을 오래 머물게 하지 않습니다. 오히려 그런 사람들을 거울삼아 저를 들여다봅니다. 부정적인 감정과 불편함을 배움으로, 상처를 통찰로 바꾸는 노력이 우리를 더 자유롭고 긍정적인 사람으로 만들어줄 것입니다.

DATE   /   /

060 김혼비 『다정소감』

남에게 충고를 안 함으로써 자신이 꼰대가 아니라고 믿지만, 남의 충고를 듣지 않음으로써 자신이 꼰대가 되어가는 걸 모르고 사는 것. 나는 이게 반복해서 말해도 부족할 만큼 두렵다. 내가 보고 싶은 것, 듣고 싶은 것, 입맛에 맞는 것들로만 만들어낸, 투명해서 갇힌 줄도 모르는 유리 상자 안에 갇혀 있을 때, 누군가 이제 거기서 잠깐 나와 보라고, 여기가 바로 출구라고 문을 두드려주길 바란다. 때로는 거센 두드림이 유리 벽에 균열을 내길 바란다. 내가 무조건적인 지지와 격려와 위로로 만들어진 평온하고 따듯한 방 안에서 지나치게 오래 쉬고 있을 때, 누군가 '환기 타임!'을 외치며 창문을 열고 매섭고 차가운 바깥 공기를 흘려 보내주기를 바란다.

– 안온북스, 2021년, 75쪽

DATE   /   /

061 미하엘 엔데 『모모』

하지만 꼬마 모모는 그 누구도 따라갈 수 없는 재주를 갖고 있었다. 그것은 바로 다른 사람의 말을 들어 주는 재주였다.

그게 무슨 특별한 재주람. 남의 말을 듣는 건 누구나 할 수 있지. 이렇게 생각하는 독자도 많으리라.

하지만 그 생각은 틀린 것이다. 진정으로 귀를 기울여 다른 사람의 말을 들어 줄 줄 아는 사람은 아주 드물다.

— 한미희 옮김, 비룡소, 2024년, 23쪽

DATE   /   /

062 조윤제 『하루 한 장 고전 수업』

사람들과의 일상적인 만남에서조차 섣부른 지식을 과시하며 함부로 남을 가르치려는 사람이 있다. 다른 사람과의 관계에서 우월감을 얻고 군림하려는 교만이다. 자신의 부족함을 노력이 아닌 과시로 채우려는 허영심이다. 진정한 지식은 과시하는 것이 아니라 삶에서 실천하는 것이다. 존경을 받으려면 입보다 귀를 열고 다른 사람의 말에서 배움을 얻는 자세를 지녀야 한다.

– 비즈니스북스, 2022년, 332쪽

오랜 세월 교직에 헌신하시고 몇 년 전 정년을 맞이하신 아버지는 늘 말씀하십니다. 욕심을 앞세우기보다 때로는 손해 볼지언정 양보하고 베푸는 사람, 자신을 과시하고 드러내기보다 낮은 마음으로 늘 배우려는 자세를 가진 사람이 되라고요. 세상의 기준으로 보면 손해처럼 보일 수 있지만, 그 마음의 바탕엔 누구도 흔들 수 없는 단단한 평온함이 있습니다. 진정한 성공은 얼마나 높이 올라섰는지가 아니라 어떤 마음과 태도로 살아왔는지를 증명하는 것입니다.

높이보다 깊이를 추구하는 삶, 빛나는 겉모습보다 따뜻한 속마음을 지키는 삶은 더 멀리, 더 깊이 울림을 전합니다. 오늘도 묵묵히 자신의 자리에서 진실하게 살아가는 분들에게 전합니다. 그 깊은 마음이야말로 세상을 더욱 따뜻하게 바꾸는 진짜 힘이라는 것을요.

DATE   /   /

063 명대성 『적당한 거리 두기의 기술』

'당신을 위해'라는 말은 본래 좋은 의미다. 당신을 소중히 여긴다는 의미를 부정적으로 해석하기는 어렵다. 그러나 사용법에 따라 상대에게 이기적인 언어로 비친다. 특히 상대가 불편을 표시하거나 의견을 말하는 상황에서 이 말을 가져다 쓰는 것은 상대가 할 말을 잃게 만드는 일이다. 정당하게 불편함을 표현하는 상대에게 "이게 다 당신을 위한 거야"라고 말하는 것은 지독한 자기합리화이자, 때로 폭력이 된다.

— 팬덤북스, 2019년, 134쪽

"다 너를 위한 거야", "내 말만 잘 들으면 돼". 다정한 말투에 감춰진 이런 말들은 때로 배려가 아닌 통제, 조언이 아닌 강요가 되곤 합니다. 진심을 가장한 말일수록 마음을 더 다치게 하니까요. 진정한 배려는 상대를 존중하는 데서 시작합니다. 너를 위한다는 말이 진짜가 되려면 그 말이 향하는 곳에 반드시 진심과 존중이 함께 있어야 합니다. 말보다 침묵이 더 깊은 배려가 되고, 일방적인 조언보다 곁에 있어주는 것 자체가 더 큰 위로가 되기도 하죠. 누군가를 진심으로 위하고 싶다면 내 기준을 강요하기보다 상대의 입장에서 마음을 읽을 수 있어야 합니다. 진심 없는 친절은 언젠가 드러나지만 조용한 존중은 오래도록 마음에 남습니다.

DATE   /   /

진심 없는
친절은
언젠가
드러나지만

조용한 존중은
오래도록
마음에
남습니다.

064 문요한 『관계를 읽는 시간』

착한 사람은 굳이 스스로에게 착한 사람이 되어야 한다고 강요하지 않는다. 착한 사람은 아낌없이 주는 나무가 아니다. 또 내가 이만큼 해줬으니까 너도 나에게 이만큼 해줘야 한다는 식으로 계산하지도 않는다. (중략) '성숙한 착함'이란 기본적으로 자신에게도 좋고 상대에게도 좋은 인간관계를 추구한다.

– 더퀘스트, 2018년, 28쪽

DATE   /   /

065 김윤나 『말 그릇』

우리 모두는 말실수를 반복하며 살아간다. 분명 내 것인데도, 잘 다듬어지지 않은 감정과 생각과 습관은 그 자체로 살아 움직여 수없이 많은 갈등을 만들어낸다. 하지만 말 그릇을 인식한 사람, 멈추고 돌아보는 사람, 다시 시작하려는 의지를 가진 사람들은 그 후회의 시간을 조금씩 줄여나갈 수 있다. 조금씩 자신의 말 그릇 안에 마음과 사람을 담아낼 수 있다.

— 오아시스, 2017년, 313-314쪽

말의 힘을 믿는 사람, 말의 무게를 아는 사람은 무엇이 다를까요? 말 한마디 한마디에 마음을 담습니다. 생각하기도 전에 먼저 튀어나온 말, 감정에 휘둘린 말, 무심코 던진 말로 관계를 상하게 하지 않습니다. 말 한마디가 누군가의 마음을 무너뜨릴 수도, 다시 일으켜 세울 수도 있다는 사실을 알기 때문이죠. 그래서 말에 마음을 담고 진심을 싣고 존중을 전합니다. 오늘 내가 건네는 한마디가 누군가의 지친 하루에 조그만 위로가 되기를, 어둠 속을 걷는 이를 비추는 작은 등불이 되기를 바랍니다.

066 정문정 『무례한 사람에게 웃으며 대처하는 법』

우리는 관계하는 모든 사람에게 영향을 받고 그 영향을 다음 사람에게 옮긴다. 사람이 사람에게 주는 영향은 실로 어마어마하다. 그러니 보석함에 보석들을 골라 담듯 얼마나 신중해야 하는지. 난 언제나 주변 사람 때문에 울고 있는 친구들을 보면 다가가 이렇게 말해주고 싶었다. "그 사람보다 네가 훨씬 더 소중해. 옆에 있으면 울게 되는 사람 말고 웃게 되는 사람을 만나."

― 포레스트북스, 2023년, 203쪽

DATE   /   /

067 안상현 『눈부시게 빛나는 날들이 너를 기다리고 있어』

관계에도 비워내기, 정리가 필요하다. 비워내야 할 사람에게 설명을 늘어놓고 이해를 구하며 얼기설기 관계를 엮어나가는 동안 나는 결국 앞으로 나아갈 수 없게 된다.

— 빅피시, 2023년, 132–133쪽

사람들은 무리에서 이탈하거나 혼자 남겨지는 것을 두려워합니다. 혹여나 뒤처지지는 않을지, 중요한 이야기에서 배제되지는 않을지 불안해하죠. 그러나 관계에도 숨 쉴 틈이 필요합니다. 아무리 좋은 관계라 해도 자유롭지 못하면 결국 균형을 잃고 기울고 맙니다. 타인의 시선과 기대에 자신을 내맡기는 것이 아니라 스스로를 돌보고 사랑하며 고요히 나와 마주하는 시간을 갖는 것. 그것이야말로 단단하고 건강한 관계를 위한 시작입니다.

DATE   /   /

068 이평 『모든 사람에게 사랑받을 필요는 없다』

만만한 호구와 따뜻한 호인을 혼동하지 말자. '착함'은 그에 걸맞은 인격을 갖춘 사람에게만, '다정함'은 공감 능력이 뛰어난 사람에게만, '친절함'은 호의를 잘 베풀 줄 아는 사람에게만 드러낼 것. 상대에 따라 선택적으로 '착하고 다정하고 진실하게' 대하도록 노력하자. 나를 존중하지 않는 사람과 잘 지내려 애쓸 필요는 없다.

— 스튜디오오드리, 2022년, 75쪽

착한 사람을 만만하게 여기고, 다정한 사람을 쉽게 대하고, 조용한 사람을 우습게 보는 사람들이 있습니다. 하지만 착함은 무력함이 아니며 다정함은 약함이 아닙니다. 오히려 그 속에는 깊은 내공과 용기가 숨어 있습니다. 그 용기가 짓밟히려 할 때는 분명한 단호함이 필요합니다. 부드럽게 살아가되 내 안의 중심은 굳게 세워야 합니다. 다정함 안에 단호함을, 겸손함 안에 자존감을 품을 때 흔들리지 않고 나를 지키며 지혜롭게 살아갈 수 있어요. 나를 존중하지 않는 사람을 끊어내는 용기도 배워야 할 삶의 기술입니다. 당신은 약해서 다정한 것이 아니라 강하기에 부드러울 수 있는 사람입니다.

DATE   /   /

"
당신은 약해서 다정한 것이 아니라

강하기에
부드러울 수
있는
사람입니다.
"

069 바쿠@정신과의 『적당히 느슨하게 조금씩 행복해지는 습관』

많은 사람이 살아가는 데 느끼는 괴로움은, 있지도 않은 환상 속에서 타인의 가치관에 자신을 맞추려고 하는 데서 비롯됩니다. '모두들 좋다고 하니까' '모두 다 그렇게 하니까' '누구나 갖고 있으니까'라며 그 사람들을 따라 하고 그에 맞춰 살려고 할 필요는 없습니다. 그렇게 해 봐야 '모두와 다른 인간인 내'가 즐거울 리 없으니까요.

- 김윤경 옮김, 부키, 2023년, 28-29쪽

DATE   /   /

070 데일 카네기 『데일 카네기 인간관계론』

사람들을 비난하는 대신 이해하려고 노력해 보자. 왜 그 사람들이 그런 일을 했는지 이해하려고 애써 보자. 비판보다는 훨씬 더 도움이 되고 재미있을 것이다. 그러다 보면 공감, 관용, 친절도 몸에 배게 된다.

— 임상훈 옮김, 현대지성, 2019년, 40쪽

모든 것을 이해할 순 없지만 그럼에도 조금 더 너그럽고 따뜻하게.
세상을 바꾸는 건 날 선 비판이 아니라 다정한 공감이라고 생각합니다.

DATE   /   /

071 박산호 『어른의 문장들』

사람과 사람이 관계를 맺어서 유지할 때 가장 중요한 요소는 바로 믿음, 신뢰다. 그런 믿음은 잠시 잠깐 잘해주거나, 치명적인 매력으로 홀리거나, 돈으로 살 수 있는 게 아니다. 믿음은 둘 사이에 한 사소한 약속 하나하나를 지켜서 쌓아가는 성과 같다. 통장에 꼬박꼬박 저금하는 것처럼 이 사람이 나에게 상처 주지 않을 것이며, 이 사람이 하는 말은, 약속은 믿을 수 있고, 내가 의지할 수 있는 사람이라고 안심하는 마음을 저금한다.

― 샘터, 2025년, 209쪽

DATE   /   /

072 허은실 『그날 당신이 내게 말을 걸어서』

'마음 씀씀이'라는 말을 하곤 하죠.
인간은 몸을 써서 노동을 하고
마음을 써서 관계를 성숙하게 만들어갑니다.

애를 쓰고, 신경을 쓰고, 마음도 쓰라고 있는 것.
그렇다면 아끼지 말고 다 쓰고 갈 일입니다.

— 위즈덤하우스, 2019년, 153쪽

DATE   /   /

073 미치 앨봄 『모리와 함께한 화요일』

교수님은 누구와 함께 있으면 그와 완전히 시간을 공유했다. 그 사람의 눈을 응시하고 세상에 오직 그 사람밖에 없는 것처럼 이야기를 들어 주었다. 매일 아침 처음 만나는 사람이 이런 태도로 대해 준다면 세상 사람들은 훨씬 나은 삶을 살 것이다.

— 공경희 옮김, 살림출판사, 2010년, 205쪽

수많은 사람을 수없이 스쳐 지나 보내는 하루 속에서 과연 얼마나 상대의 눈을 바라보고 마음을 열어 온전히 집중했는가를 되돌아봅니다. 부끄럽지만, 바쁘다는 이유로 대화를 건성으로 흘려보내고 내 생각에 갇혀 상대를 판단한 순간이 많았습니다. 하지만 관계는 결국 한 사람을 진심으로 인정하는 데서 시작됩니다. "당신의 말에 귀 기울이고 있어요", "지금 이 순간 당신과 함께하고 있어요". 이 단순한 마음이 담긴 태도가 때로는 가장 깊은 위로가 되고 진짜 소통의 문을 열어줍니다. 익숙함 속에서도 존중을 잃지 않고 작은 말 한 마디에도 정성을 담을 수 있다면 우리의 일상은 조금 더 따뜻하게 채워질 거예요. 오늘도 처음 만나는 사람처럼 진심을 다해 상대를 마주하기를 바랍니다.

DATE   /   /

074 조정민 『짧게 말해 줘』

서로 깊이 이해하고 사랑하는 사람과는 말없이 앉아 있어도 대화 이상의 공감을 경험한다. 대화보다 중요한 것은 열린 마음이다.

열린 마음은 온 세상을 품을 수도 있지만, 닫힌 마음은 바늘 끝조차 들어갈 틈이 없다.

- 위더북, 2024년, 100-101쪽

DATE   /   /

075 정지우 『사람을 남기는 사람』

삶에서 중요한 것은 내가 세계를 공유하고 싶은 사람들만을 곁에 두며 삶을 확장해가는 일임을 명확히 배웠다. 삶을 자기가 원하는 방식으로 만들어가는 방법은 의외로 간단하다. 그 방식을 해치는 사람들을 걸러내고, 그 방식에 도움을 주는 이들의 손을 붙잡는 것이다.

– 마름모, 2025년, 33쪽

DATE   /   /

076 김랑 『숲속 작은 집 마리의 부엌』

내게 여행은 늘 '사람'인 듯하다. 조금은 부족하고 조금은 덜 보고 서툴러도, 사람이 좋으면 다 만족스러운 여행이 되고 말거든. 아무리 풍경이 좋고 아름다워도 사람과의 이야기가 없다면 그 순간은 시간이 지날수록 색과 향이 옅어진다. 하지만 그 풍경 안에 사람이 있다면 순간은 영원이 된다.

— 달. 2024년. 115쪽

DATE   /   /

건강한 관계를 맺고 싶은 당신,
나를 지키면서 상대를 존중하는 태도의 문장을 적어보세요.

CHAPTER ④

작은 일상이 모여
삶을 변화시킨다

오늘을 충실히 사는 것

삶을 바꾸는 힘은 거창하거나 극적인 데 있지 않습니다. 오히려 놀라울 정도로 조용하고 단순한 것들에서 비롯되죠. 하루를 시작하며 침대를 정돈하는 일, 정해진 시간에 몸을 일으켜 감사 일기를 쓰고 틈틈이 책을 펼치거나 걸음을 옮기는 일, 스스로 만든 루틴을 무너뜨리지 않는 일. 그 작은 일들이 쌓이고 쌓여 삶의 모습을 조금씩 변화시켜 나갑니다. 우리는 종종 인생을 바꿀 만큼 커다란 행운이나 운명적인 기회를 찾으려 하죠. 하지만 진짜 변화는 단번의 성취가 아닌, 지속적인 실천과 흔들리지 않는 태도에서 시작됩니다. 특별한 능력보다 중요한 것은 '오늘 내가 할 수 있는 일에 얼마나 충실한가'입니다. 조용한 성실함은 어느 순간 기회의 문을 열어줍니다. 눈에 보이는 성과가 없다고 조급해하지 마세요. 지금 내 앞에 놓인 일에 하루하루 집중하는 사람에게 기회는 반드시 찾아옵니다. 그 기회는 때로 예상치 못한 모습으로 오지만, 매일의 루틴 속에서 스스로를 단련해온 사람은 그것을 알아보고 붙잡을 수 있습니다. 화려하거나 특별하지 않아도 평범한 하루를 충실히 살아낸다는 건 결코 쉬운 일이 아니에요. 오히려 그것이야말로 가장 성숙하고 단단한 삶의 방식입니다. 꾸준한 사람이 결국 더 멀리 갈 수 있습니다. 가끔 넘어지더라도 금세 다시 일어날 수 있죠.

마지막 CHAPTER 4는 그 '작은 일상의 힘'에 대한 이야기입니다. 거창한 변화나 화려한 성취보다 꾸준히 삶을 빚어가는 태도, 감사로 하루를 시작하고 성실로 하루를 마무리하는 반복 속에서 단단해지는 자신을 들여다보는 시간입니다. 오늘 하루를 내가 할 수 있는 일에 진심을 다하고 감사하는 마음으로 살아낼 때, 조용히 강해지는 자신을 발견할 수 있을 거예요.

077 웨인 다이어 『우리는 모두 죽는다는 것을 기억하라』

매일 아침 당신이 가장 먼저, 가장 많이 하는 일은 무엇일까?

거울을 보는 것이다. 거울에 자신을 비춰보며 잠에서 아직 못 빠져나온 정신을 깨우고, 생각을 정리하고, 하루를 시작할 말끔한 용모를 다듬는다.

이 모든 준비에 앞서 반드시 해야 할 작지만 지혜로운 의식이 있다. 최고의 하루를 보내는 사람들은 잠에서 깨자마자 거울 앞에서 다음과 같이 또박또박 힘주어 말한다.

나는 기적이다.

— 정지현 옮김, 토네이도, 2019년, 11쪽

078 팀 페리스 『타이탄의 도구들』

"밤에만 일기를 쓰면 '오늘은 정말 스트레스 많았고 짜증나는 하루였어'로 채워질 가능성이 높다. 일기는 피곤한 하루의 마무리가 아니라 활기찬 하루의 시작을 위해 쓸 때 가장 효과적이다. 시작이 활기차면 하루가 몰라보게 달라진다. 밤의 일기 내용도 확 달라진다. 그런 하루가 모여 성공하는 삶이 된다."

— 박선령·정지현 옮김, 토네이도, 2022년, 35쪽

저는 매일 아침마다 감사 일기를 씁니다. 감사한 일들을 하나씩 떠올리다 보면 노트의 자리가 부족할 정도로 끝도 없이 이어집니다. 아침에 눈을 뜨고, 숨을 쉬고, 따뜻한 햇살을 맞고, 소중한 하루를 살아가는 모든 순간이 그 자체로 이미 기적입니다. 당연하다고 여겼지만 결코 당연하지 않은 모든 것들에 감사하는 마음이 우리의 오늘을 더욱 찬란하게 빛나게 합니다.

DATE   /   /

결코 당연하지 않은
모든 것들에
감사하는 마음이

우리의 오늘을
더욱 찬란하게
빛나게 합니다.

079 안희연 『당신이 좋아지면, 밤이 깊어지면』

사람에 따라 평생 하나의 나무만 공들여 심을 수도 있고, 최대한 많은 나무가 자신만의 속도와 모양으로 자라나는 풍경을 기쁘게 바라보는 이도 있을 것이다. 그러나 인간의 삶이 때때로 아니 사실은 자주 그러하듯 햇빛과 물이 늘 충분한 것은 아니다. 바라고 믿는 것과 무관하게 나무는 시들고 열매는 상한다. 그럼에도 그 나무를 어떻게든 길러보려고 편향과 열정을 다하는 것. 누가 내게 삶의 정의를 묻는다면 그렇게 말할 것이다.

– 난다, 2023년, 179쪽

DATE / /

080 은유 『싸울 때마다 투명해진다』

삶은 명사로 고정하는 게 아니라 동사로 구성하는 지난한 과정이다. 그렇기 때문에 일생을 오해받을지라도 순간의 진실을 추구하고 주어진 과업을 수행하며 살아갈 때만 아주 미미하게 조금씩, 삶은 변한다.

– 서해문집, 2016년, 118-119쪽

DATE   /   /

081 마이클 노턴 『어떻게 이 삶을 사랑할 것인가』

리추얼은 우리 모두의 삶을 한층 더 풍요롭게 만드는 길을 제시한다. 직접 시도해보자. 날이면 날마다 하는 평범한 행동이 비범한 무언가로 바뀔 수 있다. 오늘 당신은 조금 더 사랑하고, 감사하고, 웃고, 애도하고, 음미하고, 경험하기 위해 무엇을 했는가? 내일은 무엇을 더 할 수 있을까?

- 홍한결 옮김, 부키, 2025년, 318쪽

DATE   /   /

⓿⓼⓶ 리니 『기록이라는 세계』

나만의 루틴을 만든다는 것은 나의 일상을 지키겠다는 다짐과도 같아요. 사소한 일에 고민하지 않겠다는, 시간을 더욱 충만하게 누리겠다는, 아침과 저녁 시간만큼은 나를 지탱해주는 것들에 시간을 쏟아보겠다는 그런 다짐이요.

– 더퀘스트, 2025년, 48쪽

작지만 꾸준히 쌓아가는 루틴의 힘을 믿습니다. 자신만의 루틴을 지속해나가는 사람은 살면서 마주하는 크고 작은 파도에 쉽게 흔들리지 않습니다. 그렇게 다져진 일상의 습관은 삶을 지탱해주는 단단한 뿌리가 되어 주어진 하루를 더욱 밀도 있고 충만하게 누릴 수 있도록 해줍니다. 사소해 보이지만 결코 가볍지 않은 루틴의 힘. 그 반복 속에서 우리는 더욱 성숙해집니다. 일상을 단단하게 지켜줄 나만의 루틴을 만들어보면 어떨까요?

DATE   /   /

(083) 무라카미 하루키 『달리기를 말할 때 내가 하고 싶은 이야기』

만약 바쁘다는 이유만으로 달리는 연습을 중지한다면 틀림없이 평생 동안 달릴 수 없게 되어버릴 것이다. 계속 달려야 하는 이유는 아주 조금밖에 없지만 달리는 것을 그만둘 이유라면 대형 트럭 가득히 있기 때문이다. 우리에게 가능한 것은 그 '아주 적은 이유'를 하나하나 소중하게 단련하는 일뿐이다. 시간이 날 때마다 부지런히 빈틈없이 단련하는 것.

— 임홍빈 옮김, 문학사상, 2009년, 115-116쪽

DATE   /   /

084 버지니아 울프 『자기만의 방』(쏜살문고)

나는 여러분에게 아무리 사소하고 아무리 광범위한 주제라도 망설이지 말고 어떤 종류의 책이라도 쓰기를 권하고 싶습니다. 무슨 수를 써서라도 여행하고 빈둥거리며 세계의 미래와 과거를 성찰하고 책을 읽고 공상에 잠기며 길거리를 배회하고 사고의 낚싯줄을 강 속에 깊이 담글 수 있기에 여러분 스스로 충분한 돈을 소유하게 되기 바랍니다.

— 이미애 옮김, 민음사, 2016년, 158쪽

DATE   /   /

085 김규림 『매일의 감탄력』

어제보다 조금 더 나은 삶을 살고 싶다. 내가 생각하는 더 나은 삶에 필요한 힘을 나열해 보면 상당히 많다. 여전히 내게 아직 다져지지 않은 근육이 수두룩하지만 그래도 저녁마다 운동하듯 평상시에 조금씩 단련해 두면, 나중에는 이 근육들이 힘들어 하는 나를 구원하고, 또 내 삶을 지탱해 주는 든든한 코어core 근육이 되리라는 믿음으로 오늘도 작은 운동을 계속한다.

— 웨일북, 2024년, 75쪽

DATE   /   /

086 김교석 『아무튼, 계속』

일상의 루틴은 바로 이 성실함을 계발하고 극대화할 수 있는 삶의 태도다. 루틴을 충실히 따르다 보면 성실함은 자연히 따라온다. 막막하거나 어렵게 생각할 것 없다. 각자의 콘셉트에 맞게 정리정돈부터 시작하는 거다. 정리정돈은 일상 루틴의 입문 과정이자 성실함을 키우는 데 매우 적합한 훈련이다. 일상을 다잡는 코르셋이랄까. 매일매일 그때그때 정해진 정리정돈 루틴을 따르다 보면 성실함을 무너뜨리려는 게으름을 원천 차단할 수 있고 마음의 장력이 느슨해질 틈이 생기지 않는다.

— 위고, 2017년, 45-46쪽

우리의 인생을 바꾸는 것은 특별하고 엄청난 행운이 아니라 꾸준하게 반복하는 작고 평범한 일들입니다. 지금 내가 하는 일이 작고 하찮아 보여도, 눈에 띄지 않는 것 같아도 실망하거나 가볍게 여기지 않기로 해요. 매일 반복되는 평범한 하루 속에서 성실히 쌓아 올린 시간은 절대 우리를 배신하지 않으니까요. 그러니 흔들리거나 조급해하지 말고 계속 나아가세요.

DATE   /   /

평범한
하루 속에서
성실히 쌓아 올린
시간은

절대

우리를

배신하지

않아요.

087 사사키 쓰네오『마흔 살 습관 수업』

30대까지는 재능으로 버틸 수 있다. 하지만 40대부터는 좋은 습관을 가진 사람이 이긴다.

― 왕언경 옮김, 알투스, 2019년, 23쪽

DATE   /   /

088 제임스 클리어 『아주 작은 습관의 힘』

작은 습관 하나하나는 각각의 결과를 얻게 해줄 뿐 아니라 더 중요한 것을 가르쳐준다. 바로 스스로를 신뢰하게 만들어준다. 우리는 이제 이런 일들을 실제로 해낼 수 있다는 걸 믿게 된다. 투표지가 점점 쌓이고 증거가 모이기 시작하면 스스로에게 하는 이야기 역시 변화하기 시작한다.

– 이한이 옮김, 비즈니스북스, 2019년, 62쪽

운동선수에게 재능만큼이나 중요한 것은 루틴입니다. 같은 시간, 같은 동작을 수천 수만 번 반복한 끝에 경기에 나섭니다. 물론 그 순간까지도 결과를 예측할 수 없죠. 하지만 그동안 땀 흘리며 연습한 시간만큼은 결코 거짓말하지 않습니다. 매일 훈련을 반복한 선수는 흔들리지 않습니다. 연습한 만큼 자신 있게 준비한 것을 펼칠 수 있기 때문입니다. 작은 습관 하나, 꾸준히 지켜낸 하루하루가 결국 스스로에 대한 믿음과 신뢰를 만들어줍니다. 불안한 내일 앞에서 흔들리지 않도록 오늘도 정직하게 내가 해왔던 것을, 할 수 있는 것을 해보세요. 언젠가 반드시 내공과 실력으로 드러날 테니까요.

DATE   /   /

089 허지원 『나도 아직 나를 모른다』

내가 내 삶이 애틋하고 짠해서 스스로를 잘 먹이고 재우고 입히려고 할 때, 그리고 당면한 문제에 최적의 해결책을 찾아나서겠다 결심할 때, 어느 순간 낯설고 간지러운 기대가 생긴다면 그것이 희망입니다. 다시 말해 희망은 '좋은 일이 일어날 것만 같은 기분'이 아니라 '불운과 부조리 속에서도 내가 지금 뭐라도 노력하고 있어서 느끼는 가치'입니다.

— 김영사, 2020년, 207쪽

DATE   /   /

090 김신지 『평일도 인생이니까』

내가 어떤 공간에서 편하게 머물고, 어떤 디테일들을 좋아하는지 오랜 시간에 걸쳐 알아낸 뒤 스스로에게 조금씩 그런 환경을 만들어 주는 일. 아무거나 먹고 아무 물건이나 곁에 두고 아무렇게나 하루를 여닫는 것이 아니라, 신선한 것을 먹고 아름다운 것을 곁에 두고 오늘은 한 번뿐이라는 마음으로 하루를 보내는 일.

그렇게 보내는 일상이야말로 단단히 네 다리로 버티고 서서 나라는 사람을 지탱해 준다.

삶의 굴곡에도 기우뚱 흔들리지 않을 수 있도록.

— 알에이치코리아, 2020년, 109쪽

DATE   /   /

⓿⁹¹ 요한 G. 치머만 『고독에 관하여』

우리가 이 세상에서 누릴 수 있는 최고의 행복은 바로 마음의 평화다. 세속의 소란함을 등질 줄 아는 현인은 욕구와 의향을 누른 채 창조주의 섭리에 자신을 맡기고 물러나 나약한 무리에게 연민의 눈길을 던진다. 이 현인의 최대 기쁨은 바위들 사이에서 작은 물줄기의 부드러운 속삭임에 귀 기울이고 평원을 거닐며 신선한 미풍을 들이마시는 것이다. 또 공중의 성가대원들이 아름다운 선율을 자아내는 숲에 둘러싸여 살아가는 것이기도 하다. 이처럼 단순한 감정을 마음으로 느낄 때 우리는 무엇보다 귀한 축복을 경험하는 법이다.

— 이민정 옮김, 중앙북스, 2024년, 99쪽

최선을 다하되 너무 애쓰지는 않기. 늘 마음에 새기는 말입니다. 모든 것을 붙잡으려고 애쓰는 순간 오히려 더 많은 것을 놓치기도 합니다. 때로는 내 뜻과 욕심을 내려놓는 용기가 필요합니다. 한 걸음 물러나 조급한 마음을 내려놓을 때 비로소 나무가 아닌 숲이, 작은 조각이 아닌 더 큰 그림이 보이기 시작합니다. 더 큰 흐름에 나를 맡길 때 무거웠던 마음은 한결 가벼워지고, 길을 잃은 것 같던 마음도 다시 방향을 찾습니다. 오늘은 내 마음의 평화를 위해 '내려놓음의 용기'를 실천해볼까요? 모든 걸 잘하려는 마음보다 지금 이대로도 괜찮다는 믿음을 품어보세요. 당신은 이미 잘 해내고 있어요.

DATE   /   /

한 걸음 물러나
조급한 마음을
내려놓을 때

비로소
숲이 보이기
시작합니다.

092 김경일 『마음의 지혜』

보란 듯이 희망이 엎어지고, 좌절이 예정되어 있고, 몇 번이고 모든 걸 엎어 버리고 싶은 때에도 우리 마음속 장부에는 희미한 바를 정자가 새겨지고 있습니다. 사소한 식사, 소소한 수다, 별 의미 없어 보여도 기분 좋아지는 장난, 심지어 매일 같은 길을 발 딛고 걷는 행위까지도 질긴 힘줄처럼 얽히고 설켜 강인한 근력을 만든 것이지요.

— 포레스트북스, 2023년, 77-78쪽

당신을 움직이게 하는 힘은 무엇인가요? 지치지 않고 다시 일어서게 하는 그 조그만 빛은 어디에 있나요? 행복은 멀리 있지 않아요. 일상의 소소한 순간들에 숨어 있죠. 작은 행복들이 모여 내일을 견디게 하는 힘이 되고 오늘을 다시 살아내게 하는 원동력이 됩니다. 지금 이 순간, 당신 곁에 조용히 머물고 있는 작은 기쁨을 발견해보세요. 그것이 당신을 다시 웃게 하고 나아가게 하는 힘이 되어줄 테니까요. 지금 이 글을 읽고 있는 당신, 이미 충분히 잘하고 있고 멋지게 걸어가고 있어요. 당신의 오늘을 진심으로 응원합니다.

DATE / /

093 최인철 『아주 보통의 행복』

드라마 같은 행복, 예외적인 행복, 미스터리한 행복의 비법을 바라지만 그런 건 없다. 진정한 행복은 아주 보통의 행복이다. (중략) 행복은 '내 삶을 사랑하는 정도'다. 딱 그 정도로만 이해하면 된다. 사랑에 관한 한 사랑하는 사람과 밥을 먹고 이야기를 나누며 함께 즐거워하고, 서로 이해하고 감사해하는 것이 상식적이듯 행복도 그렇다.

— 21세기북스, 2021년, 5-7쪽

화려하고 자극적인 것을 찾아 헤매는 세상 속에서 마음은 더욱 공허해지곤 합니다. 하지만 우리의 마음을 충만하게 채우는 것들은 언제나 가까이에 있습니다. 눈부신 햇살 한 줌, 따뜻하고 다정한 말 한마디, 반복되는 하루 속 익숙한 온기. 거창한 행복이나 기쁨을 좇기보다 작은 평화를 지키는 것. 평범한 일상 속에서 감사의 이유를 찾는 삶. 어렵지만 귀한 일이라는 걸 마음에 새깁니다.

DATE / /

094 팀 보울러 『리버보이』

"삶이 항상 아름다운 건 아냐. 강은 바다로 가는 중에 많은 일을 겪어. 돌부리에 치이고 강한 햇살을 만나 도중에 잠깐 마르기도 하고. 하지만 스스로 멈추는 법은 없어. 어쨌든 계속 흘러가는 거야. 그래야만 하니까. 그리고 바다에 도달하면, 다시 새로운 모습으로 태어날 준비를 하지. 그들에겐 끝이 시작이야. 난 그 모습을 볼 때 마음이 편안해지는 것을 느껴."

― 정해영 옮김, 다산책방, 2024년, 207쪽

DATE   /   /

095 김지훈 『당신의 마음을 안아줄게요』

결국 우리의 삶을 아름답게 만들어주는 것은 눈에 보이지 않는 가치의 소중함이니까요. 눈에 보이는 것들에 급급해 눈에 보이지 않는 삶의 가치들을 저버린다면 그 사람의 마음엔 그 어떤 행복도, 아름다운 삶의 태도도 깃들 수 없는 거니까요. 세상과 사람들에게도 그 아름답지 않음이 전해져 인상을 찌푸리게 되는 거니까요.

— 진심의꽃한송이, 2019년, 219쪽

우리는 자주 눈에 보이는 것들에 마음을 빼앗깁니다. 성과, 숫자, 겉모습처럼 비교와 평가의 기준이 되는 것들 말이죠. 하지만 정작 우리 삶을 지탱하는 건 쉽게 보이지 않는, 조용하고 깊은 가치들입니다. 당장의 결과로 드러나지 않는다고 해서 무의미한 것은 아닙니다. 눈에 보이지 않기에 더 소중하고, 쉽게 드러나지 않기에 더 귀하게 여겨야 할 것들. 속도가 아닌 방향, 겉모습이 아닌 본질을 바라보려는 마음이 삶을 조금 더 단단하고 깊게 만들어줍니다.

DATE   /   /

096 천선란 『천 개의 파랑』

삶이 이따금씩 의사도 묻지 않고 제멋대로 방향을 틀어버린다고 할지라도, 그래서 벽에 부딪혀 심한 상처가 난다고 하더라도 다시 일어나 방향을 잡으면 그만인 일이라고. 우리에게 희망이 1%라도 있는 한 그것은 충분히 판을 뒤집을 수 있는 에너지가 될 것이라고.

– 허블, 2020년, 83쪽

DATE   /   /

097 백영옥 『힘과 쉼』

이기는 것과 다른 지지 않는다는 말의 의미는 무엇일까. 지지 않겠다는 건 일종의 태도다. 꺾이지 않는 마음이며, 삶의 불완전성을 수긍하고 실패의 가능성이 언제나 도사리고 있다는 걸 아는 사람의 각오다. 꽃길만 걷겠다는 낙관이 아니라, 두렵고 떨리지만 돌길이 나와도 걷겠다는 희망이다.

우리의 마음을 끄는 건 결코 완전무결함이 아니다.
결국 결함이다.

— 김영사, 2023년, 256쪽

DATE   /   /

098 이다혜 『퇴근길의 마음』

파도가 칠 땐 파도를 타고, 파도가 없을 땐 물에 빠지지 않도록 노력하며 다음 파도를 기다린다. 어떤 파도는 너무 거세기 때문에 타기가 어려울 테고, 어떤 파도는 나를 위해 만들어진 듯 나를 사뿐히 들어 옮길 것이다. 그 모든 파도는 한 번뿐이고, 결국은 모두 지나간다. 일희일비하지 않고 노력한다면, 잔잔한 바다에서도 높은 파도에서도 물에 빠지지 않을 수 있을지도 모른다.

— 빅피시, 2022년, 145쪽

모든 꽃들이 저마다의 계절에 피어나듯 우리 모두에겐 각자의 때가 있습니다. 그러니 한순간의 성과에 들뜨거나 실패에 무너지지 말기로 해요. 일희일비하는 마음은 중심을 흔들 뿐입니다. 중요한 것은 다음을 기다리는 인내, 그리고 나에게 다가올 때를 믿는 신뢰입니다. 조급해하지 않고 그저 묵묵히 준비하며 마음의 자리를 지키는 것. 그 기다림 속에서 비로소 진짜 성장과 성취가 찾아옵니다.

DATE   /   /

099 에리히 프롬 『우리는 여전히 삶을 사랑하는가』

삶을 사랑할 수 있는 비법은 없지만 많이 배울 수는 있다. 망상을 버리고 타인과 자신을 있는 그대로 볼 수 있는 사람, 계속 밖으로만 나다니지 말고 자신에게 가는 길을 배울 수 있는 사람, 생명과 사물의 차이를, 행복과 흥분의 차이를, 수단과 목적의 차이를, 그리고 무엇보다 사랑과 폭력의 차이를 느낄 수 있는 사람은 삶에 대한 사랑을 향해 이미 첫걸음을 뗀 셈이다.

- 라이너 풍크 엮음. 장혜경 옮김. 김영사. 2022년. 44쪽

DATE   /   /

(100) 정혜윤 『삶의 발명』

'OO를 사랑하게 된 그 시간에 감사드린다.' 이 문장에 내 인생 전체가 담겼으면 좋겠다. 사랑할 줄 안다는 것은 시간과 삶이 준 가장 큰 선물이고 삶의 의미는 자신으로부터 나오지 않고 자신이 사랑하는 것으로부터 나오므로. 그리고 삶은 결국은 내가 무엇을 사랑하는지 말할 줄 알게 되는 하나의 과정이므로.

— 위고, 2023년, 118쪽

DATE   /   /

**평범한 일상의 소중함을 아는 당신,
충만한 하루를 만드는 행복의 문장을 적어보세요.**

Goal Tracker 오늘의 필사를 마치고 해당하는 번호 칸을 채워보세요.

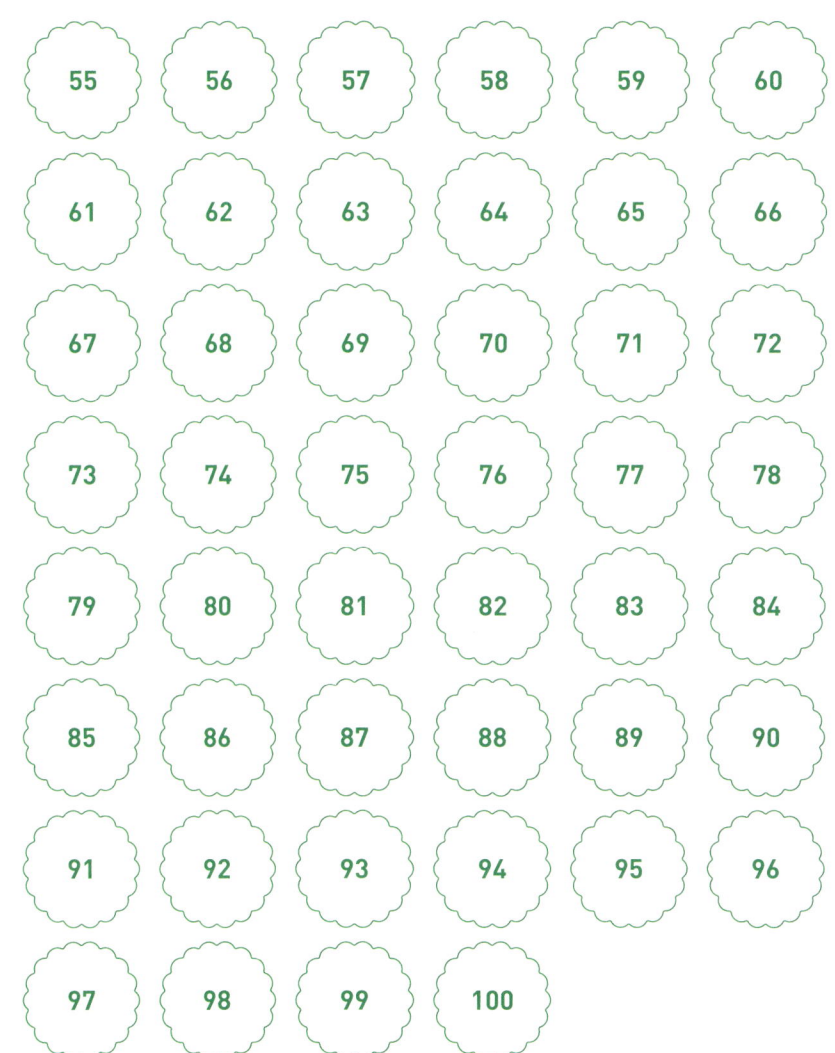

"꾸준함이 내일의 당신을 빛나게 할 거예요."

이재은

MBC 아나운서. 꾸준함과 성실함이 필살기인 아나운서계의 헤르미온느로, 이름을 따서 '잰느미온느'라 불린다. 2012년 입사해 라디오방송과 스포츠 중계방송, 시사교양프로그램을 진행했고 약 6년간 「뉴스데스크」 진행을 맡았다. 유튜브 채널 「잰느미온느」를 통해 성실하게 살아가는 하루하루를 꾸밈없이 보여주며 구독자들에게 희망찬 용기와 다정한 위로를 선사하고 있다.
쓴 책으로 『하루를 48시간으로 사는 마법』, 『다정한 말이 똑똑한 말을 이깁니다』, 『오늘 가장 빛나는 너에게』가 있다. 독자들의 응원 메이트로서 이 필사책을 통해 단단한 내면 성장을 위한 긍정의 메시지를 전하고자 한다.

유튜브 youtube.com/@mbclje ● 인스타그램 instagram.com/mbclje

매일 더 성장하고 싶은 당신을 위한 모닝 필사

초판 1쇄 발행 2025년 7월 28일

지은이 • 이재은
펴낸이 • 황혜숙
편집 • 황유라
디자인 • 김소진
조판 • 하은혜
펴낸곳 • (주)창비교육
등록 • 2014년 6월 20일 제2014-000183호
주소 • 04004 서울특별시 마포구 월드컵로12길 7
전화 • 1833-7247
팩스 • 영업 070-4838-4798 | 편집 02-6949-0953
홈페이지 • www.changbiedu.com
전자우편 • contents@changbi.com

ⓒ 이재은 2025
ISBN 979-11-6570-353-0 03190

* 이 책 내용의 전부 또는 일부를 재사용하려면
  반드시 저작권자와 (주)창비교육 양측의 동의를 받아야 합니다.
* 책값은 뒤표지에 표시되어 있습니다.

책깃은 (주)창비교육의 브랜드입니다.